Platon

Euthyphron

Griechisch / Deutsch

Übersetzt und
herausgegeben von
Otto Leggewie

Philipp Reclam jun. Stuttgart

RECLAMS UNIVERSAL-BIBLIOTHEK Nr. 9897

Bibliographisch ergänzte Ausgabe 2007
Gesamtherstellung: Reclam, Ditzingen. Printed in Germany 2007

ISBN 978-3-15-009897-4

www.reclam.de

ΕΥΘΥΦΡΩΝ

ἢ περὶ ὁσίου · πειραστικός[1]

EUTHYPHRON

oder über das Fromme

Eine Untersuchung in Dialogform

ΕΥΘΥΦΡΩΝ ΣΩΚΡΑΤΗΣ

[2] ΕΥΘ. Τί νεώτερον, ὦ Σώκρατες, γέγονεν, ὅτι σὺ τὰς ἐν Λυκείῳ καταλιπὼν διατριβὰς ἐνθάδε νῦν διατρίβεις περὶ τὴν τοῦ βασιλέως στοάν; οὐ γάρ που καὶ σοί γε δίκη τις οὖσα τυγχάνει πρὸς τὸν βασιλέα ὥσπερ ἐμοί.

ΣΩ. Οὔτοι δὴ Ἀθηναῖοί γε, ὦ Εὐθύφρων, δίκην αὐτὴν καλοῦσιν, ἀλλὰ γραφήν.

[b] ΕΥΘ. Τί φῄς; γραφὴν σέ τις, ὡς ἔοικε, γέγραπται· οὐ γὰρ ἐκεῖνό γε καταγνώσομαι, ὡς σὺ ἕτερον.

ΣΩ. Οὐ γὰρ οὖν.

ΕΥΘ. Ἀλλὰ σὲ ἄλλος;

ΣΩ. Πάνυ γε.

ΕΥΘ. Τίς οὗτος;

ΣΩ. Οὐδ' αὐτὸς πάνυ τι γιγνώσκω, ὦ Εὐθύφρων, τὸν ἄνδρα, νέος γάρ τίς μοι φαίνεται καὶ ἀγνώς· ὀνομάζουσι μέντοι αὐτόν, ὡς ἐγῷμαι, Μέλητον. ἔστι δὲ τῶν δήμων Πιτθεύς, εἴ τινα νῷ ἔχεις Πιτθέα Μέλητον, οἷον τετανότριχα καὶ οὐ πάνυ εὐγένειον, ἐπίγρυπον δέ.

ΕΥΘ. Οὐκ ἐννοῶ, ὦ Σώκρατες· ἀλλὰ δὴ τίνα γραφήν σε γέγραπται;

[c] ΣΩ. Ἥντινα; οὐκ ἀγεννῆ, ἔμοιγε δοκεῖ· τὸ γὰρ νέον ὄντα τοσοῦτον πρᾶγμα ἐγνωκέναι οὐ φαῦλόν ἐστιν. ἐκεῖνος γάρ, ὥς φησιν, οἶδε τίνα τρόπον οἱ νέοι διαφθείρονται καὶ τίνες οἱ διαφθείροντες αὐτούς. καὶ κινδυνεύει σοφός τις εἶναι, καὶ τὴν ἐμὴν ἀμαθίαν κατιδὼν ὡς διαφθείροντος τοὺς ἡλικιώτας αὐτοῦ, ἔρχεται κατηγορήσων μου ὥσπερ πρὸς μητέρα πρὸς τὴν πόλιν. καὶ φαίνεταί μοι τῶν πολιτικῶν

Gesprächspartner: Euthyphron und Sokrates

[2] *Euthyphron.* Was hat sich Neuerliches zugetragen, Sokrates, daß du deine liebenswerte Tätigkeit im Lykeion[2] hinter dir gelassen hast und jetzt hier bei der Halle des Archon Basileus[3] verweilst? Denn auch du hast doch nicht zufällig einen Rechtsstreit bei dem »König« wie ich?

Sokrates. Nun, die Athener, Euthyphron, nennen es nicht einen privaten Rechtsstreit, sondern eine Staatsklage.

[b] *Euthyphron.* Was sagst du da? Eine Staatsklage hat jemand, wie es scheint, gegen dich eingebracht? Denn *das* werde ich doch nicht erleben, daß du einen anderen anklagst?

Sokrates. Das ist auch nicht der Fall.

Euthyphron. Also ein anderer dich?

Sokrates. Allerdings.

Euthyphron. Wer ist es denn?

Sokrates. Nicht einmal selbst kenne ich den Mann so recht, Euthyphron; er ist nämlich offenbar noch ziemlich jung und unbekannt, er heißt freilich, wie ich glaube, Meletos[4]: nach seiner Zugehörigkeit zu einem der Demen ist er ein Pitthier, vielleicht besinnst du dich auf einen Meletos aus Pitthis, einen Mann mit langen Haaren, gar keinem starken Bart, aber mit einer Hakennase.[5]

Euthyphron. Ich erinnere mich nicht an ihn, Sokrates; jedoch welche Klage hat er denn gegen dich eingebracht?

[c] *Sokrates.* Welche denn? Keine, die ihm wenig Ehre einbringt, so glaube ich wenigstens; denn bei seinem jugendlichen Alter sich schon auf eine so wichtige Angelegenheit zu verstehen, ist nicht unwesentlich. Jener nämlich weiß, wie er behauptet, auf welche Weise die jungen Leute verdorben werden und wer die sind, die sie verderben. Er scheint so ein gar weiser Mann zu sein; und da er meine fehlende Einsicht durchschaut hat, macht er sich auf, um mich wie bei einer Mutter beim Staat anzuschwärzen, als ob ich seine Altersgefährten verdürbe. Und unter den an der politischen Laufbahn

μόνος ἄρχεσθαι ὀρθῶς· [d] ὀρθῶς γάρ ἐστι τῶν νέων πρῶτον ἐπιμεληθῆναι ὅπως ἔσονται ὅτι ἄριστοι, ὥσπερ γεωργὸν ἀγαθὸν τῶν νέων φυτῶν εἰκὸς πρῶτον ἐπιμεληθῆναι, μετὰ δὲ τοῦτο καὶ τῶν ἄλλων. καὶ δὴ καὶ Μέλητος ἴσως πρῶτον μὲν ἡμᾶς ἐκκαθαίρει [3] τοὺς τῶν νέων τὰς βλάστας διαφθείροντας, ὥς φησιν· ἔπειτα μετὰ τοῦτο δῆλον ὅτι τῶν πρεσβυτέρων ἐπιμεληθεὶς πλείστων καὶ μεγίστων ἀγαθῶν αἴτιος τῇ πόλει γενήσεται, ὥς γε τὸ εἰκὸς συμβῆναι ἐκ τοιαύτης ἀρχῆς ἀρξαμένῳ.

ΕΥΘ. Βουλοίμην ἄν, ὦ Σώκρατες, ἀλλ' ὀρρωδῶ μὴ τοὐναντίον γένηται· ἀτεχνῶς γάρ μοι δοκεῖ ἀφ' ἑστίας ἄρχεσθαι κακουργεῖν τὴν πόλιν, ἐπιχειρῶν ἀδικεῖν σέ. καί μοι λέγε, τί καὶ ποιοῦντά σέ φησι διαφθείρειν τοὺς νέους;

[b] ΣΩ. Ἄτοπα, ὦ θαυμάσιε, ὡς οὕτω γ' ἀκοῦσαι. φησὶ γάρ με ποιητὴν εἶναι θεῶν, καὶ ὡς καινοὺς ποιοῦντα θεοὺς τοὺς δ' ἀρχαίους οὐ νομίζοντα ἐγράψατο τούτων αὐτῶν ἕνεκα, ὥς φησιν.

ΕΥΘ. Μανθάνω, ὦ Σώκρατες· ὅτι δὴ σὺ τὸ δαιμόνιον φῂς σαυτῷ ἑκάστοτε γίγνεσθαι. ὡς οὖν καινοτομοῦντός σου περὶ τὰ θεῖα γέγραπται ταύτην τὴν γραφήν, καὶ ὡς διαβαλῶν δὴ ἔρχεται εἰς τὸ δικαστήριον, εἰδὼς ὅτι εὐδιάβολα τὰ τοιαῦτα πρὸς τοὺς πολλούς. καὶ ἐμοῦ γάρ τοι, [c] ὅταν τι λέγω ἐν τῇ ἐκκλησίᾳ περὶ τῶν θείων, προλέγων αὐτοῖς τὰ μέλλοντα, καταγελῶσιν ὡς μαινομένου· καίτοι οὐδὲν ὅτι οὐκ ἀληθὲς εἴρηκα ὧν προεῖπον, ἀλλ' ὅμως φθονοῦσιν ἡμῖν πᾶσι τοῖς τοιούτοις. ἀλλ' οὐδὲν αὐτῶν χρὴ φροντίζειν, ἀλλ' ὁμόσε ἰέναι.

Interessierten scheint er allein mir den richtigen Anfang zu machen. [d] Richtig nämlich verfährt man, wenn man sich zuerst um die jungen Menschen kümmert, daß sie sich bestens entwickeln, wie auch ein rechter Bauer natürlich zunächst den jungen Pflanzen Pflege angedeihen läßt, danach aber auch allen anderen. Und so rupft denn auch Meletos vielleicht zuerst uns aus, [3] da wir bei der Jugend die guten Ansätze vernichten, wie er sagt. Danach wird er dann gewiß den Älteren seine Sorge zuwenden und Urheber sehr vieler und sehr großer Güter für den Staat werden, wie es sich naturgemäß bei einem Manne ergibt, der seinen Weg so begonnen hat.
Euthyphron. Das wünschte ich wohl, Sokrates, aber ich fürchte, das Gegenteil tritt ein; denn gerade vom Kernpunkt[6] her scheint er mir damit zu beginnen, dem Staate Schlimmes anzutun, indem er dir Unrecht zuzufügen versucht. Aber sage mir doch, durch welches Tun du denn eigentlich nach seiner Darstellung die jungen Leute verdirbst!
[b] *Sokrates.* Du Wundersamer, seltsam klingt es, wenn man es so hört. Er behauptet nämlich, ich sei ein Göttermacher; und da ich neue Götter machte, an die alten aber nicht glaubte, ebendeswegen verklagte er mich, wie er sagt.
Euthyphron. Ich verstehe, Sokrates; gewiß, weil du behauptest, die göttliche Stimme stelle sich immer wieder bei dir ein. Als ob du also ein Mann wärest, der Neuerungen in religiösen Dingen einführt, hat er diese Klage gegen dich eingebracht, und um dich nun offen bloßzustellen, geht er vors Gericht; denn er weiß, daß solche Vorwürfe sehr wohl geeignet sind, jemanden bei der Menge zu verleumden. Denn auch über mich lacht man fürwahr wie über einen Wahnwitzigen, [c] sooft ich etwas über die göttlichen Dinge in der Volksversammlung sage, wenn ich ihnen nämlich vorausbedeute, was kommen wird. Dabei hat sich doch nichts von dem, was ich vorhergesagt hatte, als *nicht* wahr ergeben; und doch begegnen sie uns allen mißgünstig, die wir von solcher Art sind. Man darf sich aber um sie überhaupt nicht kümmern, sondern muß unbeirrt den eigenen Weg gehen!

ΣΩ. Ὦ φίλε Εὐθύφρων, ἀλλὰ τὸ μὲν καταγελασθῆναι ἴσως οὐδὲν πρᾶγμα. Ἀθηναίοις γάρ τοι, ὡς ἐμοὶ δοκεῖ, οὐ σφόδρα μέλει ἄν τινα δεινὸν οἴωνται εἶναι, μὴ μέντοι διδασκαλικὸν τῆς αὑτοῦ σοφίας· ὃν δ' ἂν καὶ ἄλλους οἴωνται ποιεῖν τοιούτους, θυμοῦνται, εἴτ' οὖν φθόνῳ ὡς σὺ λέγεις, [d] εἴτε δι' ἄλλο τι.

ΕΥΘ. Τούτου οὖν πέρι ὅπως ποτὲ πρὸς ἐμὲ ἔχουσιν, οὐ πάνυ ἐπιθυμῶ πειραθῆναι.

ΣΩ. Ἴσως γὰρ σὺ μὲν δοκεῖς σπάνιον σεαυτὸν παρέχειν καὶ διδάσκειν οὐκ ἐθέλειν τὴν σεαυτοῦ σοφίαν· ἐγὼ δὲ φοβοῦμαι μὴ ὑπὸ φιλανθρωπίας δοκῶ αὐτοῖς ὅτιπερ ἔχω ἐκκεχυμένως παντὶ ἀνδρὶ λέγειν, οὐ μόνον ἄνευ μισθοῦ, ἀλλὰ καὶ προστιθεὶς ἂν ἡδέως εἴ τίς μου ἐθέλοι ἀκούειν. εἰ μὲν οὖν, ὃ νυνδὴ ἔλεγον, μέλλοιέν μου καταγελᾶν ὥσπερ σὺ φῂς σαυτοῦ, [e] οὐδὲν ἂν εἴη ἀηδὲς παίζοντας καὶ γελῶντας ἐν τῷ δικαστηρίῳ διαγαγεῖν· εἰ δὲ σπουδάσονται, τοῦτ' ἤδη ὅπῃ ἀποβήσεται ἄδηλον πλὴν ὑμῖν τοῖς μάντεσιν.

ΕΥΘ. Ἀλλ' ἴσως οὐδὲν ἔσται, ὦ Σώκρατες, πρᾶγμα, ἀλλὰ σύ τε κατὰ νοῦν ἀγωνιῇ τὴν δίκην, οἶμαι δὲ καὶ ἐμὲ τὴν ἐμήν.

ΣΩ. Ἔστιν δὲ δὴ σοί, ὦ Εὐθύφρων, τίς ἡ δίκη; φεύγεις αὐτὴν ἢ διώκεις;

ΕΥΘ. Διώκω.

ΣΩ. Τίνα;

[4] ΕΥΘ. Ὃν διώκων αὖ δοκῶ μαίνεσθαι.

ΣΩ. Τί δέ; πετόμενόν τινα διώκεις;

Sokrates. Ach, mein lieber Euthyphron, ausgelacht zu werden ist doch wohl eine unwichtige Sache. Denn Athener fürwahr geben, wie ich meine, nicht gar viel um jemanden, den sie zwar für einen außergewöhnlichen Menschen, nicht aber für befähigt halten, seine Lehre zu vermitteln; über jeden aber, von dem sie glauben, er mache auch andere zu Menschen seiner Art, sind sie aufgebracht, sei es nun aus Neid, wie du sagst, [d] sei es aus einem anderen Grund.
Euthyphron. Wie sie sich nun einmal in dieser Hinsicht mir gegenüber verhalten, das zu erproben, habe ich gar kein Verlangen.
Sokrates. Verständlich, denn man meint von dir, du machtest dich rar und seist nicht willens, deine Weisheit zu lehren; von mir aber, so fürchte ich, glaubt man, ich teile aus Menschenliebe alles, was ich mein eigen nenne, verschwenderisch jedermann mit, und das nicht nur ohne Entgelt,[7] sondern so, daß ich sogar gerne noch etwas daraufzahlte, wenn sich nur jemand bereit fände, mir zuzuhören. Wenn sie mich nun, wie ich ja eben sagte, auslachen sollten, wie sie es nach deinen Worten mit dir treiben, [e] so dürfte es nicht unangenehm sein, wenn sie vor dem Gerichtshof ununterbrochen scherzten und lachten; wenn sie aber ihr Anliegen ernst nehmen, so ist noch unklar, wie die Sache ausgehen wird, außer für euch, die Seher.
Euthyphron. Vielleicht aber wird es eine Sache, die nichts zu bedeuten hat, Sokrates, und du wirst dann deinen Prozeß nach Wunsch durchfechten, wie ich, so glaube ich, den meinigen.
Sokrates. Welchen Prozeß hast du denn zu führen, Euthyphron? Bist du angeklagt oder klagst du an?
Euthyphron. Ich klage an.
Sokrates. Und wen?
[4] *Euthyphron.* Einen Mann, durch dessen Anklage ich einmal mehr wahnwitzig zu sein scheine.
Sokrates. Wieso denn das? Klagst du etwa jemanden an, der zu fliegen vermag?

ΕΥΘ. Πολλοῦ γε δεῖ πέτεσθαι, ὅς γε τυγχάνει ὢν εὖ μάλα πρεσβύτης.
ΣΩ. Τίς οὗτος;
ΕΥΘ. Ὁ ἐμὸς πατήρ.
ΣΩ. Ὁ σός, ὦ βέλτιστε;
ΕΥΘ. Πάνυ μὲν οὖν.
ΣΩ. Ἔστιν δὲ τί τὸ ἔγκλημα καὶ τίνος ἡ δίκη;
ΕΥΘ. Φόνου, ὦ Σώκρατες.
ΣΩ. Ἡράκλεις. ἦ που, ὦ Εὐθύφρων, ἀγνοεῖται ὑπὸ τῶν πολλῶν ὅπῃ ποτὲ ὀρθῶς ἔχει· οὐ γὰρ οἶμαί γε τοῦ ἐπιτυχόντος [b] ὀρθῶς αὐτὸ πρᾶξαι ἀλλὰ πόρρω που ἤδη σοφίας ἐλαύνοντος.
ΕΥΘ. Πόρρω μέντοι νὴ Δία, ὦ Σώκρατες.
ΣΩ. Ἔστιν δὲ δὴ τῶν οἰκείων τις ὁ τεθνεὼς ὑπὸ τοῦ σοῦ πατρός; ἢ δῆλα δή; οὐ γὰρ ἄν που ὑπέρ γε ἀλλοτρίου ἐπεξῆσθα φόνου αὐτῷ.
ΕΥΘ. Γελοῖον, ὦ Σώκρατες, ὅτι οἴει τι διαφέρειν εἴτε ἀλλότριος εἴτε οἰκεῖος ὁ τεθνεώς, ἀλλ' οὐ τοῦτο μόνον δεῖν φυλάττειν, εἴτε ἐν δίκῃ ἔκτεινεν ὁ κτείνας εἴτε μή, καὶ εἰ μὲν ἐν δίκῃ, ἐᾶν, εἰ δὲ μή, ἐπεξιέναι, ἐάνπερ ὁ κτείνας συνέστιός σοι καὶ ὁμοτράπεζος ᾖ· [c] ἴσον γὰρ τὸ μίασμα γίγνεται ἐὰν συνῇς τῷ τοιούτῳ συνειδὼς καὶ μὴ ἀφοσιοῖς σεαυτόν τε καὶ ἐκεῖνον τῇ δίκῃ ἐπεξιών. ἐπεὶ ὅ γε ἀποθανὼν πελάτης τις ἦν ἐμός, καὶ ὡς ἐγεωργοῦμεν ἐν τῇ Νάξῳ, ἐθήτευεν ἐκεῖ παρ' ἡμῖν. παροινήσας οὖν καὶ ὀργισθεὶς τῶν οἰκετῶν τινι τῶν ἡμετέρων ἀποσφάττει αὐτόν. ὁ οὖν πατὴρ συνδήσας τοὺς πόδας καὶ τὰς χεῖρας αὐτοῦ, καταβαλὼν εἰς

Euthyphron. Er ist weit davon entfernt zu fliegen, denn er ist zufällig schon ganz schön alt.
Sokrates. Wer ist denn dieser?
Euthyphron. Mein eigener Vater.
Sokrates. Dein eigener Vater, mein Bester?
Euthyphron. Ja, allerdings.
Sokrates. Worin besteht denn die Anschuldigung, und worauf lautet die Anklage?
Euthyphron. Auf Mord,[8] Sokrates.
Sokrates. Um Himmels willen, Euthyphron, da wissen die meisten Menschen doch wohl kaum, wie sie in einem solchen Falle richtig verfahren; denn ich wenigstens glaube, es gelingt nicht dem ersten besten, [b] dies richtig anzugehen, sondern nur einem, der schon irgendwie weit fortgeschritten ist in der Weisheit.
Euthyphron. Schon weit fürwahr, beim Zeus, Sokrates.
Sokrates. Ist es denn einer der Verwandten, der durch deinen Vater den Tod gefunden hat? Sicher doch? Denn um eines Fremden willen verfolgtest du ihn gewiß nicht gerichtlich wegen Mordes.
Euthyphron. Lächerlich ist es, Sokrates, daß du glaubst, es mache einen Unterschied, ob der Tote ein Fremder oder ein Verwandter ist, und man müsse nicht vielmehr nur darauf achten, ob der, der gemordet hat, es Rechtens getan hat oder nicht; und wenn Rechtens, müsse man ihn unbehelligt lassen, andernfalls aber gegen ihn gerichtlich vorgehen, auch wenn es sich bei dem, der gemordet hat, um einen Herd- und Tischgenossen handelt; [c] denn gleich schlimm ist die Befleckung, wenn du als Mitwisser mit einem solchen Menschen umgehst und dich selbst und jenen nicht dadurch entsühnst, daß du Klage gegen ihn erhebst. Indessen, der Getötete war ein Tagelöhner von mir, und als wir auf Naxos[9] noch Land bestellten, arbeitete er dort bei uns für Lohn. Im Rausch nun geriet er über einen unserer Diener in Zorn und schlug ihn tot. Da ließ mein Vater ihn an seinen Füßen und seinen Händen binden und in eine Grube stoßen; dann schickte er einen Mann

τάφρον τινά, πέμπει δεῦρο ἄνδρα πευσόμενον τοῦ ἐξηγητοῦ ὅτι χρείη ποιεῖν. [d] ἐν δὲ τούτῳ τῷ χρόνῳ τοῦ δεδεμένου ὠλιγώρει τε καὶ ἠμέλει ὡς ἀνδροφόνου καὶ οὐδὲν ὂν πρᾶγμα εἰ καὶ ἀποθάνοι, ὅπερ οὖν καὶ ἔπαθεν· ὑπὸ γὰρ λιμοῦ καὶ ῥίγους καὶ τῶν δεσμῶν ἀποθνήσκει πρὶν τὸν ἄγγελον παρὰ τοῦ ἐξηγητοῦ ἀφικέσθαι. ταῦτα δὴ οὖν καὶ ἀγανακτεῖ ὅ τε πατὴρ καὶ οἱ ἄλλοι οἰκεῖοι, ὅτι ἐγὼ ὑπὲρ τοῦ ἀνδροφόνου τῷ πατρὶ φόνου ἐπεξέρχομαι οὔτε ἀποκτείναντι, ὥς φασιν ἐκεῖνοι, οὔτ' εἰ ὅτι μάλιστα ἀπέκτεινεν, ἀνδροφόνου γε ὄντος τοῦ ἀποθανόντος, οὐ δεῖν φροντίζειν ὑπὲρ τοῦ τοιούτου – ἀνόσιον γὰρ εἶναι τὸ ὑὸν πατρὶ φόνου ἐπεξιέναι – [e] κακῶς εἰδότες, ὦ Σώκρατες, τὸ θεῖον ὡς ἔχει τοῦ ὁσίου τε πέρι καὶ τοῦ ἀνοσίου.

ΣΩ. Σὺ δὲ δὴ πρὸς Διός, ὦ Εὐθύφρων, οὑτωσὶ ἀκριβῶς οἴει ἐπίστασθαι περὶ τῶν θείων ὅπῃ ἔχει, καὶ τῶν ὁσίων τε καὶ ἀνοσίων, ὥστε τούτων οὕτω πραχθέντων ὡς σὺ λέγεις, οὐ φοβῇ δικαζόμενος τῷ πατρὶ ὅπως μὴ αὖ σὺ ἀνόσιον πρᾶγμα τυγχάνῃς πράττων;

ΕΥΘ. Οὐδὲν γὰρ ἄν μου ὄφελος εἴη, ὦ Σώκρατες, οὐδέ τῳ ἂν διαφέροι Εὐθύφρων τῶν πολλῶν ἀνθρώπων, [5] εἰ μὴ τὰ τοιαῦτα πάντα ἀκριβῶς εἰδείην.

ΣΩ. Ἆρ' οὖν μοι, ὦ θαυμάσιε Εὐθύφρων, κράτιστόν ἐστι μαθητῇ σῷ γενέσθαι, καὶ πρὸ τῆς γραφῆς τῆς πρὸς Μέλητον αὐτὰ ταῦτα προκαλεῖσθαι αὐτόν, λέγοντα ὅτι ἔγωγε καὶ ἐν τῷ ἔμπροσθεν χρόνῳ τὰ θεῖα περὶ πολλοῦ ἐποιούμην εἰδέναι, καὶ νῦν ἐπειδή με ἐκεῖνος αὐτοσχεδιάζοντά φησι καὶ καινοτομοῦντα περὶ τῶν θείων ἐξαμαρτάνειν, μαθητὴς δὴ γέγονα σός – »καὶ εἰ μέν, ὦ Μέλητε«, φαίην ἄν, »Εὐθύφρονα

hierher, der den Rechtskundigen[10] befragen sollte, was zu tun nötig sei. [d] Unterdessen aber war ihm der Gefesselte gleichgültig, und er kümmerte sich nicht um ihn, da er doch ein Mörder und es daher ganz unwichtig sei, wenn er sogar umkomme, was ihm denn auch widerfuhr; vor Hunger und Kälte nämlich und unter dem Zwang der Fesseln fand er den Tod, ehe noch der Bote von dem Rechtskundigen zurückgekehrt war. Darüber sind nun also mein Vater und alle anderen Verwandten ungehalten, daß ich als Anwalt dieses Mörders den eigenen Vater auf Mord verklage, da *er* doch nicht getötet habe, wie jene sagen, und *er* sich, wenn er hundertmal getötet habe, um einen solchen Mann gar nicht habe kümmern müssen, weil der Tote doch ein Mörder sei – unfromm nämlich sei es, daß der Sohn gegen den Vater wegen Mordes gerichtlich vorgehe; [e] nur mangelhaft also, Sokrates, wissen sie, wie das göttliche Recht sich verhält hinsichtlich des Frommen und des Unfrommen.

Sokrates. Du aber, beim Zeus, Euthyphron, glaubst du so genau über das Wesen des göttlichen Rechts und über das Fromme und Unfromme Bescheid zu wissen, daß du, da dieses sich so, wie du sagst, vollzog, nicht befürchtest, du möchtest vielleicht deinerseits eine unfromme Tat begehen, indem du gegen deinen Vater prozessierst?

Euthyphron. Nein, denn ich dürfte wohl nichts taugen, Sokrates, und Euthyphron unterschiede sich wohl in nichts von der großen Vielzahl der Menschen, [5] wenn ich nicht genau um alles Derartige wüßte.

Sokrates. Dann ist es also für mich, wunderbarer Euthyphron, das beste, dein Schüler zu werden und vor dem eigentlichen Rechtsstreit mit Meletos ihm ein außergerichtliches Verfahren[11] im Hinblick ebendarauf vorzuschlagen, daß ich sage, ich für meine Person hätte es auch schon in früherer Zeit für wichtig gehalten, um die göttlichen Dinge zu wissen, und jetzt also, da er behaupte, ich versündige mich, indem ich leichtfertig handle und in den göttlichen Dingen Neuerungen erstrebe, sei ich *dein* Schüler geworden; und »wenn du,

ὁμολογεῖς σοφὸν εἶναι τὰ τοιαῦτα καὶ ὀρθῶς νομίζειν, [b] καὶ ἐμὲ ἡγοῦ καὶ μὴ δικάζου· εἰ δὲ μή, ἐκείνῳ τῷ διδασκάλῳ λάχε δίκην πρότερον ἢ ἐμοί, ὡς τοὺς πρεσβυτέρους διαφθείροντι ἐμέ τε καὶ τὸν αὑτοῦ πατέρα, ἐμὲ μὲν διδάσκοντι, ἐκεῖνον δὲ νουθετοῦντί τε καὶ κολάζοντι« – καὶ ἂν μή μοι πείθηται μηδὲ ἀφίῃ τῆς δίκης ἢ ἀντ' ἐμοῦ γράφηται σέ, αὐτὰ ταῦτα λέγειν ἐν τῷ δικαστηρίῳ ἃ προυκαλούμην αὐτόν;

ΕΥΘ. Ναὶ μὰ Δία, ὦ Σώκρατες, εἰ ἄρα ἐμὲ ἐπιχειρήσειε γράφεσθαι, εὕροιμ' ἄν, ὡς οἶμαι, [c] ὅπῃ σαθρός ἐστιν, καὶ πολὺ ἂν ἡμῖν πρότερον περὶ ἐκείνου λόγος ἐγένετο ἐν τῷ δικαστηρίῳ ἢ περὶ ἐμοῦ.

ΣΩ. Καὶ ἐγώ τοι, ὦ φίλε ἑταῖρε, ταῦτα γιγνώσκων μαθητὴς ἐπιθυμῶ γενέσθαι σός, εἰδὼς ὅτι καὶ ἄλλος πού τις καὶ ὁ Μέλητος οὗτος σὲ μὲν οὐδὲ δοκεῖ ὁρᾶν, ἐμὲ δὲ οὕτως ὀξέως ἀτεχνῶς καὶ ῥᾳδίως κατεῖδεν ὥστε ἀσεβείας ἐγράψατο. νῦν οὖν πρὸς Διὸς λέγε μοι ὃ νυνδὴ σαφῶς εἰδέναι διισχυρίζου, ποῖόν τι τὸ εὐσεβὲς φῂς εἶναι καὶ τὸ ἀσεβὲς καὶ περὶ φόνου καὶ περὶ τῶν ἄλλων; [d] ἢ οὐ ταὐτόν ἐστιν ἐν πάσῃ πράξει τὸ ὅσιον αὐτὸ αὑτῷ, καὶ τὸ ἀνόσιον αὖ τοῦ μὲν ὁσίου παντὸς ἐναντίον, αὐτὸ δὲ αὑτῷ ὅμοιον καὶ ἔχον μίαν τινὰ ἰδέαν κατὰ τὴν ἀνοσιότητα πᾶν ὅτιπερ ἂν μέλλῃ ἀνόσιον εἶναι;

ΕΥΘ. Πάντως δήπου, ὦ Σώκρατες.

ΣΩ. Λέγε δή, τί φῂς εἶναι τὸ ὅσιον καὶ τί τὸ ἀνόσιον;

ΕΥΘ. Λέγω τοίνυν ὅτι τὸ μὲν ὅσιόν ἐστιν ὅπερ ἐγὼ νῦν ποιῶ, τῷ ἀδικοῦντι ἢ περὶ φόνους ἢ περὶ ἱερῶν κλοπὰς ἤ τι

Meletos«, dürfte ich sagen, »zugestehst, Euthyphron sei in solchen Dingen weise und vertrete die richtige Meinung, [b] so glaube das auch von mir und verklage mich nicht; andernfalls erhebe eher Anklage gegen jenen, den Lehrer, als gegen mich, daß *er* die alten Leute verderbe, mich und seinen Vater, und zwar mich durch seine Lehre, jenen aber durch Zurechtweisung und Strafe«; und wenn er mir nicht folgt und von der Klage nicht abläßt oder an meiner Statt nicht dich anklagt, dann sage ich am besten vor dem Gericht ebendas, womit ich zu einem Vergleich mit ihm zu kommen versuchte.

Euthyphron. Fürwahr, beim Zeus, Sokrates, wenn er sich also unterstehen sollte, mich anzuklagen, dürfte ich, wie ich glaube, herausfinden, [c] wo er verwundbar ist, und vor dem Gericht wäre uns weit mehr die Rede von ihm als von mir.

Sokrates. Und weil ich ebendieses überschaue, mein lieber Freund, verlange ich danach, dein Schüler zu werden; denn ich weiß, so mancher andere sonst und auch dieser Meletos scheint dich nicht einmal zu beachten, mich aber hat er ganz einfach so scharf und so leicht durchschaut, daß er gegen mich Anklage erhob wegen Gotteslästerung. Jetzt aber, beim Zeus, sage mir, was du ebenso genau zu wissen behauptetest: Welcher Art ist nach deiner Ansicht das Gottesfürchtige und das Gottlose, im Hinblick auf Mord wie auch auf alles andere? [d] Ist nicht bei jedem Handeln das Fromme etwas, das sich selbst gleich ist, und das Unfromme wiederum etwas, das dem Frommen in seiner Ganzheit zwar entgegengesetzt, sich selbst aber gleich ist, und hat nicht alles, was nun einmal unfromm sein soll, soweit es das Unfrommsein angeht, eine bestimmte Gestalt?

Euthyphron. In jeder Weise freilich, Sokrates.

Sokrates. Sage also, was ist nach deiner Meinung das Fromme, was das Unfromme?

Euthyphron. Nun, ich behaupte, das Fromme ist das, was ich jetzt tue, gegen einen Übeltäter nämlich gerichtlich vorzugehen, der durch Mord oder Tempelraub oder durch irgendein anderes derartiges Vergehen eine Schuld auf sich geladen hat,

ἄλλο τῶν τοιούτων ἐξαμαρτάνοντι ἐπεξιέναι, ἐάντε πατὴρ ὢν τυγχάνῃ ἐάντε μήτηρ ἐάντε ἄλλος ὁστισοῦν, [e] τὸ δὲ μὴ ἐπεξιέναι ἀνόσιον · ἐπεί, ὦ Σώκρατες, θέασαι ὡς μέγα σοι ἐρῶ τεκμήριον τοῦ νόμου ὅτι οὕτως ἔχει – ὃ καὶ ἄλλοις ἤδη εἶπον, ὅτι ταῦτα ὀρθῶς ἂν εἴη οὕτω γιγνόμενα – μὴ ἐπιτρέπειν τῷ ἀσεβοῦντι μηδ' ἂν ὁστισοῦν τυγχάνῃ ὤν. αὐτοὶ γὰρ οἱ ἄνθρωποι τυγχάνουσι νομίζοντες τὸν Δία τῶν θεῶν ἄριστον καὶ δικαιότατον, καὶ τοῦτον ὁμολογοῦσι τὸν αὑτοῦ πατέρα δῆσαι [6] ὅτι τοὺς ὑεῖς κατέπινεν οὐκ ἐν δίκῃ, κἀκεῖνόν γε αὖ τὸν αὑτοῦ πατέρα ἐκτεμεῖν δι' ἕτερα τοιαῦτα · ἐμοὶ δὲ χαλεπαίνουσιν ὅτι τῷ πατρὶ ἐπεξέρχομαι ἀδικοῦντι, καὶ οὕτως αὐτοὶ αὑτοῖς τὰ ἐναντία λέγουσι περί τε τῶν θεῶν καὶ περὶ ἐμοῦ.

ΣΩ. Ἆρά γε, ὦ Εὐθύφρων, τοῦτ' ἔστιν, οὕνεκα τὴν γραφὴν φεύγω, ὅτι τὰ τοιαῦτα ἐπειδάν τις περὶ τῶν θεῶν λέγῃ, δυσχερῶς πως ἀποδέχομαι; διὸ δή, ὡς ἔοικε, φήσει τίς με ἐξαμαρτάνειν. νῦν οὖν εἰ καὶ σοὶ ταῦτα συνδοκεῖ τῷ εὖ εἰδότι περὶ τῶν τοιούτων, ἀνάγκη δή, ὡς ἔοικε, [b] καὶ ἡμῖν συγχωρεῖν. τί γὰρ καὶ φήσομεν, οἵ γε καὶ αὐτοὶ ὁμολογοῦμεν περὶ αὐτῶν μηδὲν εἰδέναι; ἀλλά μοι εἰπὲ πρὸς Φιλίου, σὺ ὡς ἀληθῶς ἡγῇ ταῦτα οὕτως γεγονέναι;

ΕΥΘ. Καὶ ἔτι γε τούτων θαυμασιώτερα, ὦ Σώκρατες, ἃ οἱ πολλοὶ οὐκ ἴσασιν.

ΣΩ. Καὶ πόλεμον ἆρα ἡγῇ σὺ εἶναι τῷ ὄντι ἐν τοῖς θεοῖς πρὸς ἀλλήλους, καὶ ἔχθρας γε δεινὰς καὶ μάχας καὶ ἄλλα τοιαῦτα πολλά, οἷα λέγεταί τε ὑπὸ τῶν ποιητῶν, καὶ ὑπὸ τῶν ἀγαθῶν γραφέων τά τε ἄλλα ἱερὰ ἡμῖν καταπεποίκιλται, [c] καὶ δὴ καὶ τοῖς μεγάλοις Παναθηναίοις ὁ πέπλος μεστὸς

mag es sich bei ihm vielleicht auch um Vater oder Mutter oder wen sonst immer handeln; [e] gegen ihn aber nicht vorzugehen, ist unfromm. Denn sieh nur, Sokrates, welch schlagenden Beweis für die Richtigkeit der gesetzlichen Ordnung ich dir bieten werde – auch anderen habe ich bereits dargelegt, daß dies sich wohl richtig verhalten dürfte, wenn es sich so vollzöge –, dem Gottlosen nämlich nichts durchgehen zu lassen, mag er sein, wer er auch will. Denn gerade die Menschen, die doch nun einmal Zeus für den besten und gerechtesten unter den Göttern halten, geben zu, [6] daß dieser den eigenen Vater[12] in Fesseln schlug, weil *er* seine Söhne ganz zu Unrecht hinunterwürgte, und daß dieser wiederum seinen Vater entmannte wegen anderer Dinge solcher Art; gegen mich aber lassen sie ihren Unmut los, weil ich gegen den Vater gerichtlich vorgehe, der doch ein Übeltäter ist, und so widersprechen sie sich selbst in ihren Äußerungen über die Götter einerseits und über mich andererseits.

Sokrates. Ist vielleicht, Euthyphron, dies der Grund dafür, daß ich gerichtlich belangt werde, weil ich es nämlich irgendwie unwillig aufnehme, wenn jemand Dinge solcher Art von den Göttern behauptet? Deshalb also wird, wie es scheint, mancher sagen, ich versündigte mich. Wenn nun aber auch du derselben Meinung bist, der du dich in solchen Dingen gut auskennst, so müssen, wie es scheint, [b] auch Leute wie wir dies zugeben. Denn was sollen wir, die wir doch selbst eingestehen, darüber nichts zu wissen, auch anderes sagen? Jedoch erkläre du mir beim Gott der Freundschaft, glaubst du wirklich, diese Dinge hätten sich so zugetragen?

Euthyphron. Ja, und noch seltsamere Dinge als diese, Sokrates, um die die meisten Menschen nicht wissen.

Sokrates. Sogar einen Krieg gegeneinander gibt es also nach deiner Meinung wirklich unter den Göttern und furchtbare Feindschaften, Kämpfe und vieles andere Derartige, wie es die Dichter erzählen, und womit uns von unseren »trefflichen« Malern neben anderem die Heiligtümer bildlich ausgeschmückt sind. [c] So wird ja auch an den Großen Panathe-

τῶν τοιούτων ποικιλμάτων ἀνάγεται εἰς τὴν ἀκρόπολιν. ταῦτα ἀληθῆ φῶμεν εἶναι, ὦ Εὐθύφρων;

ΕΥΘ. Μὴ μόνον γε, ὦ Σώκρατες, ἀλλ' ὅπερ ἄρτι εἶπον, καὶ ἄλλα σοι ἐγὼ πολλά, ἐάνπερ βούλῃ, περὶ τῶν θείων διηγήσομαι, ἃ σὺ ἀκούων εὖ οἶδ' ὅτι ἐκπλαγήσῃ.

ΣΩ. Οὐκ ἂν θαυμάζοιμι. ἀλλὰ ταῦτα μέν μοι εἰς αὖθις ἐπὶ σχολῆς διηγήσῃ · νυνὶ δὲ ὅπερ ἄρτι σε ἠρόμην πειρῶ σαφέστερον εἰπεῖν. [d] οὐ γάρ με, ὦ ἑταῖρε, τὸ πρότερον ἱκανῶς ἐδίδαξας ἐρωτήσαντα τὸ ὅσιον ὅτι ποτ' εἴη, ἀλλά μοι εἶπες ὅτι τοῦτο τυγχάνει ὅσιον ὂν ὃ σὺ νῦν ποιεῖς, φόνου ἐπεξιὼν τῷ πατρί.

ΕΥΘ. Καὶ ἀληθῆ γε ἔλεγον, ὦ Σώκρατες.

ΣΩ. Ἴσως. ἀλλὰ γάρ, ὦ Εὐθύφρων, καὶ ἄλλα πολλὰ φῂς εἶναι ὅσια.

ΕΥΘ. Καὶ γὰρ ἔστιν.

ΣΩ. Μέμνησαι οὖν ὅτι οὐ τοῦτό σοι διεκελευόμην, ἕν τι ἢ δύο με διδάξαι τῶν πολλῶν ὁσίων, ἀλλ' ἐκεῖνο αὐτὸ τὸ εἶδος ᾧ πάντα τὰ ὅσια ὅσιά ἐστιν; ἔφησθα γάρ που μιᾷ ἰδέᾳ τά τε ἀνόσια ἀνόσια εἶναι καὶ τὰ ὅσια ὅσια · [e] ἢ οὐ μνημονεύεις;

ΕΥΘ. Ἔγωγε.

ΣΩ. Ταύτην τοίνυν με αὐτὴν δίδαξον τὴν ἰδέαν τίς ποτέ ἐστιν, ἵνα εἰς ἐκείνην ἀποβλέπων καὶ χρώμενος αὐτῇ παραδείγματι, ὃ μὲν ἂν τοιοῦτον ᾖ ὧν ἂν ἢ σὺ ἢ ἄλλος τις πράττῃ φῶ ὅσιον εἶναι, ὃ δ' ἂν μὴ τοιοῦτον, μὴ φῶ.

ΕΥΘ. Ἀλλ' εἰ οὕτω βούλει, ὦ Σώκρατες, καὶ οὕτω σοι φράσω.

ΣΩ. Ἀλλὰ μὴν βούλομαί γε.

näen[13] das Gewand der Athene, reich geschmückt mit solchen Verzierungen, auf die Akropolis hinaufgetragen. Wollen wir sagen, das alles sei wahr, Euthyphron?
Euthyphron. Fürwahr, nicht nur dieses, Sokrates, sondern wie ich eben sagte, noch vieles andere will ich dir, wenn du es wünschst, über die göttliche Welt darlegen, was du ganz gewiß mit Entsetzen hören wirst.
Sokrates. Das sollte mich nicht wundern. Doch das wirst du mir ein andermal in einer Mußestunde erzählen; jetzt aber versuche, mir das genauer darzulegen, wonach ich dich eben fragte. [d] Denn, mein Freund, du hast mich zuvor nicht ausreichend belehrt, als ich danach fragte, was denn das Fromme sei; vielmehr hast du mir nur gesagt, das, was du jetzt unternimmst, indem du wegen Mordes gegen deinen Vater gerichtlich vorgehst, sei zufällig ein frommes Tun.
Euthyphron. Und Wahres sprach ich damit aus, Sokrates.
Sokrates. Vielleicht. Indessen, Euthyphron, du behauptest doch auch von vielem anderen, es sei fromm.
Euthyphron. Ja, denn es ist es ja auch.
Sokrates. Du bist dir aber doch bewußt, daß ich dich immer wieder nicht dazu aufforderte, mich über eine oder zwei von den vielen frommen Handlungen zu belehren, sondern eben über jene Urform, durch die alles Fromme fromm ist? Denn du behauptetest doch, durch eine Urform sei das Unfromme unfromm und das Fromme fromm; [e] oder besinnst du dich nicht mehr darauf?
Euthyphron. Sehr wohl.
Sokrates. So belehre mich doch, was es eben mit dieser Urform auf sich hat, damit ich, auf jene hinschauend und mich ihrer als Muster bedienend, von dem, was du oder sonst jemand auch immer betreibt, alles für fromm erkläre, was von solcher Art ist, nicht für fromm aber alles erkläre, was nicht von solcher Art ist.
Euthyphron. Wenn du es nun so wünschst, Sokrates, will ich es dir auch so erklären.
Sokrates. Aber natürlich wünsche ich es so.

ΕΥΘ. Ἔστι τοίνυν τὸ μὲν τοῖς θεοῖς προσφιλὲς ὅσιον, [7] τὸ δὲ μὴ προσφιλὲς ἀνόσιον.

ΣΩ. Παγκάλως, ὦ Εὐθύφρων, καὶ ὡς ἐγὼ ἐζήτουν ἀποκρίνασθαί σε, οὕτω νῦν ἀπεκρίνω. εἰ μέντοι ἀληθῶς, τοῦτο οὔπω οἶδα, ἀλλὰ σὺ δῆλον ὅτι ἐπεκδιδάξεις ὡς ἔστιν ἀληθῆ ἃ λέγεις.

ΕΥΘ. Πάνυ μὲν οὖν.

ΣΩ. Φέρε δή, ἐπισκεψώμεθα τί λέγομεν. τὸ μὲν θεοφιλές τε καὶ θεοφιλὴς ἄνθρωπος ὅσιος, τὸ δὲ θεομισὲς καὶ ὁ θεομισὴς ἀνόσιος· οὐ ταὐτὸν δ' ἐστίν, ἀλλὰ τὸ ἐναντιώτατον, τὸ ὅσιον τῷ ἀνοσίῳ· οὐχ οὕτως;

ΕΥΘ. Οὕτω μὲν οὖν.

ΣΩ. Καὶ εὖ γε φαίνεται εἰρῆσθαι;

[b] ΕΥΘ. Δοκῶ, ὦ Σώκρατες. εἴρηται γάρ.

ΣΩ. Οὐκοῦν καὶ ὅτι στασιάζουσιν οἱ θεοί, ὦ Εὐθύφρων, καὶ διαφέρονται ἀλλήλοις καὶ ἔχθρα ἐστὶν ἐν αὐτοῖς πρὸς ἀλλήλους, καὶ τοῦτο εἴρηται;

ΕΥΘ. Εἴρηται γάρ.

ΣΩ. Ἔχθραν δὲ καὶ ὀργάς, ὦ ἄριστε, ἡ περὶ τίνων διαφορὰ ποιεῖ; ὧδε δὲ σκοπῶμεν. ἆρ' ἂν εἰ διαφεροίμεθα ἐγώ τε καὶ σὺ περὶ ἀριθμοῦ ὁπότερα πλείω, ἡ περὶ τούτων διαφορὰ ἐχθροὺς ἂν ἡμᾶς ποιοῖ καὶ ὀργίζεσθαι ἀλλήλοις, ἢ ἐπὶ λογισμὸν ἐλθόντες περί γε τῶν τοιούτων ταχὺ ἂν ἀπαλλαγεῖμεν;

[c] ΕΥΘ. Πάνυ γε.

ΣΩ. Οὐκοῦν καὶ περὶ τοῦ μείζονος καὶ ἐλάττονος εἰ διαφεροίμεθα, ἐπὶ τὸ μετρεῖν ἐλθόντες ταχὺ παυσαίμεθ' ἂν τῆς διαφορᾶς;

Euthyphron. Es ist also das, was den Göttern lieb ist, fromm, [7] was ihnen aber nicht lieb ist, unfromm.
Sokrates. Sehr schön, Euthyphron. Du gabst mir damit jetzt eine Antwort, wie ich sie nachdrücklich von dir zu erhalten versuchte; ob es freilich auch die richtige war, das weiß ich noch nicht, aber du wirst mich natürlich noch weiter darüber belehren, daß wahr ist, was du sagst.
Euthyphron. Ganz gewiß.
Sokrates. Wohlan denn, wir wollen genau prüfen, was wir da behaupten. Das, was Göttern lieb, und ein Mensch, der den Göttern lieb ist, ist fromm; das aber, was Göttern verhaßt, und der Mensch, der den Göttern verhaßt ist, ist unfromm. Beides aber ist nicht dasselbe, sondern das Fromme ist dem Unfrommen ganz entgegengesetzt; ist es nicht so?
Euthyphron. Ja, so ist es.
Sokrates. Und *so* scheint es gut gesagt zu sein?
[b] *Euthyphron.* Ich glaube ja, Sokrates. Denn *so* ist es gemeint.
Sokrates. Freilich doch auch, Euthyphron, daß die Götter sich streiten und uneins sind untereinander, daß unter ihnen Feindschaft gegeneinander besteht, auch das ist doch ausgesagt?
Euthyphron. Ja, es ist ausgesagt.
Sokrates. Die fehlende Übereinstimmung in welchen Fragen aber, mein Bester, ruft Feindschaft und Zornausbrüche hervor? Wir wollen dies so betrachten. Wenn ich und du darin verschiedener Meinung sein sollten, welche von zwei Zahlen mehr ausmache, könnte uns die Meinungsverschiedenheit darüber etwa zu Feinden machen und dahin bringen, einander zu zürnen, oder dürften wir nicht zum Rechnen schreiten und uns dann doch schnell über derartiges verständigen?
[c] *Euthyphron.* Ganz gewiß.
Sokrates. Wenn wir also auch über das Größere und das Kleinere verschiedener Meinung sein sollten, dürften wir ans Nachmessen gehen und schnell über die Meinungsverschiedenheit hinwegkommen?

ΕΥΘ. Ἔστι ταῦτα.

ΣΩ. Καὶ ἐπί γε τὸ ἱστάναι ἐλθόντες, ὡς ἐγῷμαι, περὶ τοῦ βαρυτέρου τε καὶ κουφοτέρου διακριθεῖμεν ἄν;

ΕΥΘ. Πῶς γὰρ οὔ;

ΣΩ. Περὶ τίνος δὲ δὴ διενεχθέντες καὶ ἐπὶ τίνα κρίσιν οὐ δυνάμενοι ἀφικέσθαι ἐχθροί γε ἂν ἀλλήλοις εἶμεν καὶ ὀργιζοίμεθα; ἴσως οὐ πρόχειρόν σοί ἐστιν, ἀλλ' ἐμοῦ λέγοντος σκόπει [d] εἰ τάδε ἐστὶ τό τε δίκαιον καὶ τὸ ἄδικον καὶ καλὸν καὶ αἰσχρὸν καὶ ἀγαθὸν καὶ κακόν. ἆρα οὐ ταῦτά ἐστιν περὶ ὧν διενεχθέντες καὶ οὐ δυνάμενοι ἐπὶ ἱκανὴν κρίσιν αὐτῶν ἐλθεῖν ἐχθροὶ ἀλλήλοις γιγνόμεθα, ὅταν γιγνώμεθα, καὶ ἐγὼ καὶ σὺ καὶ οἱ ἄλλοι ἄνθρωποι πάντες;

ΕΥΘ. Ἀλλ' ἔστιν αὕτη ἡ διαφορά, ὦ Σώκρατες, καὶ περὶ τούτων.

ΣΩ. Τί δὲ οἱ θεοί, ὦ Εὐθύφρων; οὐκ εἴπερ τι διαφέρονται, δι' αὐτὰ ταῦτα διαφέροιντ' ἄν;

ΕΥΘ. Πολλὴ ἀνάγκη.

[e] ΣΩ. Καὶ τῶν θεῶν ἄρα, ὦ γενναῖε Εὐθύφρων, ἄλλοι ἄλλα δίκαια ἡγοῦνται κατὰ τὸν σὸν λόγον, καὶ καλὰ καὶ αἰσχρὰ καὶ ἀγαθὰ καὶ κακά· οὐ γὰρ ἄν που ἐστασίαζον ἀλλήλοις εἰ μὴ περὶ τούτων διεφέροντο· ἦ γάρ;

ΕΥΘ. Ὀρθῶς λέγεις.

ΣΩ. Οὐκοῦν ἅπερ καλὰ ἡγοῦνται ἕκαστοι καὶ ἀγαθὰ καὶ δίκαια, ταῦτα καὶ φιλοῦσιν, τὰ δὲ ἐναντία τούτων μισοῦσιν;

ΕΥΘ. Πάνυ γε.

ΣΩ. Ταὐτὰ δέ γε, ὡς σὺ φῄς, οἱ μὲν δίκαια ἡγοῦνται, οἱ

Euthyphron. Das trifft zu.
Sokrates. Und, wenn wir ans Nachwiegen gingen, könnten wir, wie ich glaube, über das Schwerere und das Leichtere doch wohl eine Entscheidung treffen?
Euthyphron. Selbstverständlich.
Sokrates. Worüber aber könnten denn unsere Auffassungen auseinandergehen und worin könnten wir nicht zu einer Entscheidung gelangen, sondern möchten darob einander feind sein und einander zürnen? Vielleicht ist es dir nicht gleich geläufig, jedoch erwäge du, indem ich es anspreche, [d] ob es nicht dieses ist: das Gerechte und das Ungerechte, das Schöne und das Häßliche, das Gute und das Schlechte. Das ist es doch wohl, dessentwegen wir, wenn wir darüber verschiedener Meinung sind und nicht zu einer befriedigenden Lösung darüber zu gelangen vermögen, dann, wenn überhaupt einmal, einander feind werden, ich und du und alle anderen Menschen ausnahmslos?
Euthyphron. Ja, Sokrates, um diese Uneinigkeit geht es und über diese Fragen.
Sokrates. Und wie ist es mit den Göttern, Euthyphron? Wenn sie nun überhaupt irgendwie eine Meinungsverschiedenheit haben, so dürften sie diese doch wohl eben wegen dieser Fragen haben?
Euthyphron. Ganz notwendig.
[e] *Sokrates.* Auch unter den Göttern also, edler Euthyphron, halten nach deiner Auffassung die einen dies, die anderen das für gerecht, für schön oder für häßlich, für gut oder für schlecht; denn sie hätten ja wohl keinen Streit miteinander, wenn sie nicht über diese Dinge unterschiedlicher Meinung wären; nicht wahr?
Euthyphron. Ganz richtig.
Sokrates. Alles, was sie also – jeder für sich – für schön und gut und gerecht halten, das lieben sie auch, das Gegenteil davon aber hassen sie?
Euthyphron. Gewiß.
Sokrates. Dasselbe nun halten, wie du sagst, die einen für

δὲ ἄδικα, [8] περὶ ἃ καὶ ἀμφισβητοῦντες στασιάζουσί τε καὶ πολεμοῦσιν ἀλλήλοις · ἆρα οὐχ οὕτω;
ΕΥΘ. Οὕτω.
ΣΩ. Ταὔτ' ἄρα, ὡς ἔοικεν, μισεῖταί τε ὑπὸ τῶν θεῶν καὶ φιλεῖται, καὶ θεομισῆ τε καὶ θεοφιλῆ ταὔτ' ἂν εἴη.
ΕΥΘ. Ἔοικεν.
ΣΩ. Καὶ ὅσια ἄρα καὶ ἀνόσια τὰ αὐτὰ ἂν εἴη, ὦ Εὐθύφρων, τούτῳ τῷ λόγῳ.
ΕΥΘ. Κινδυνεύει.
ΣΩ. Οὐκ ἄρα ὃ ἠρόμην ἀπεκρίνω, ὦ θαυμάσιε. οὐ γὰρ τοῦτό γε ἠρώτων, ὃ τυγχάνει ταὐτὸν ὂν ὅσιόν τε καὶ ἀνόσιον · ὃ δ' ἂν θεοφιλὲς ᾖ καὶ θεομισές ἐστιν, ὡς ἔοικεν. [b] ὥστε, ὦ Εὐθύφρων, ὃ σὺ νῦν ποιεῖς τὸν πατέρα κολάζων, οὐδὲν θαυμαστὸν εἰ τοῦτο δρῶν τῷ μὲν Διὶ προσφιλὲς ποιεῖς, τῷ δὲ Κρόνῳ καὶ τῷ Οὐρανῷ ἐχθρόν, καὶ τῷ μὲν Ἡφαίστῳ φίλον, τῇ δὲ Ἥρᾳ ἐχθρόν, καὶ εἴ τις ἄλλος τῶν θεῶν ἕτερος ἑτέρῳ διαφέρεται περὶ αὐτοῦ, καὶ ἐκείνοις κατὰ τὰ αὐτά.
ΕΥΘ. Ἀλλ' οἶμαι, ὦ Σώκρατες, περί γε τούτου τῶν θεῶν οὐδένα ἕτερον ἑτέρῳ διαφέρεσθαι, ὡς οὐ δεῖ δίκην διδόναι ἐκεῖνον ὃς ἂν ἀδίκως τινὰ ἀποκτείνῃ.
ΣΩ. Τί δέ; ἀνθρώπων, ὦ Εὐθύφρων, ἤδη τινὸς ἤκουσας ἀμφισβητοῦντος ὡς τὸν ἀδίκως ἀποκτείναντα [c] ἢ ἄλλο ἀδίκως ποιοῦντα ὁτιοῦν οὐ δεῖ δίκην διδόναι;
ΕΥΘ. Οὐδὲν μὲν οὖν παύονται ταῦτα ἀμφισβητοῦντες καὶ ἄλλοθι καὶ ἐν τοῖς δικαστηρίοις · ἀδικοῦντες γὰρ πάμπολλα, πάντα ποιοῦσι καὶ λέγουσι φεύγοντες τὴν δίκην.

gerecht, die anderen für ungerecht; [8] darüber streiten sie dann, entzweien sich und bekriegen einander; ist es nicht so?

Euthyphron. Genauso.

Sokrates. Dasselbe also wird, wie es scheint, von den Göttern gehaßt und geliebt, und den Göttern Verhaßtes und von den Göttern Geliebtes dürfte daher dasselbe sein.

Euthyphron. So scheint es.

Sokrates. Und Frommes und Unfrommes also dürfte nach dieser Behauptung, Euthyphron, dasselbe sein.

Euthyphron. Es scheint so.

Sokrates. Also gabst du mir doch keine Antwort auf das, wonach ich fragte, du Wundersamer. Denn wiederholt fragte ich doch nicht *danach*, was zufällig dasselbe bleibt und gleichzeitig fromm und unfromm ist; was aber den Göttern lieb ist, ist, wie es scheint, ihnen auch verhaßt. [b] Wenn du daher, Euthyphron, mit dem, was du jetzt tust, ein Strafverfahren gegen deinen Vater einleitest, so wäre es keineswegs verwunderlich, wenn du mit diesem deinem Tun etwas betreibst, was Zeus zwar wohlgefällig, Kronos und Uranos aber verhaßt ist, was dem Hephaistos zwar lieb, der Hera[14] aber zuwider ist; und wenn sonst einer der Götter mit dem andern hierin nicht gleicher Meinung ist, so gilt für jene dasselbe.

Euthyphron. Ich glaube indessen, Sokrates, darüber ist keiner unter den Göttern mit einem anderen uneinig, daß jeder, der rechtswidrig jemanden tötet, bestraft werden muß.

Sokrates. Wie aber ist es hiermit? Hast du, Euthyphron, schon von Menschen jemals einen bestreiten gehört, der, welcher ungerechterweise getötet habe [c] oder sonst etwas Unrechtes tue, müsse dafür büßen?

Euthyphron. Aber sie hören doch überhaupt nicht auf, darüber zu streiten, sowohl sonstwo und besonders vor den Gerichtshöfen; denn wenn sie sich auch in sehr vielem vergangen haben, so tun und sagen sie dennoch alles nur Mögliche in dem Bemühen, der Strafe zu entgehen.

ΣΩ. Ἦ καὶ ὁμολογοῦσιν, ὦ Εὐθύφρων, ἀδικεῖν, καὶ ὁμολογοῦντες ὅμως οὐ δεῖν φασὶ σφᾶς διδόναι δίκην;
ΕΥΘ. Οὐδαμῶς τοῦτό γε.
ΣΩ. Οὐκ ἄρα πᾶν γε ποιοῦσι καὶ λέγουσι· τοῦτο γὰρ οἶμαι οὐ τολμῶσι λέγειν οὐδ' ἀμφισβητεῖν, ὡς οὐχὶ εἴπερ ἀδικοῦσί γε δοτέον δίκην, ἀλλ' οἶμαι οὔ φασιν ἀδικεῖν· [d] ἦ γάρ;
ΕΥΘ. 'Αληθῆ λέγεις.
ΣΩ. Οὐκ ἄρα ἐκεῖνό γε ἀμφισβητοῦσιν, ὡς οὐ τὸν ἀδικοῦντα δεῖ διδόναι δίκην, ἀλλ' ἐκεῖνο ἴσως ἀμφισβητοῦσιν, τὸ τίς ἐστιν ὁ ἀδικῶν καὶ τί δρῶν καὶ πότε.
ΕΥΘ. 'Αληθῆ λέγεις.
ΣΩ. Οὐκοῦν αὐτά γε ταῦτα καὶ οἱ θεοὶ πεπόνθασιν, εἴπερ στασιάζουσι περὶ τῶν δικαίων καὶ ἀδίκων ὡς ὁ σὸς λόγος, καὶ οἱ μέν φασιν ἀλλήλους ἀδικεῖν, οἱ δὲ οὔ φασιν; ἐπεὶ ἐκεῖνό γε δήπου, ὦ θαυμάσιε, οὐδεὶς οὔτε θεῶν οὔτε ἀνθρώπων τολμᾷ λέγειν, ὡς οὐ τῷ γε ἀδικοῦντι δοτέον δίκην.
[e] ΕΥΘ. Ναί, τοῦτο μὲν ἀληθὲς λέγεις, ὦ Σώκρατες, τό γε κεφάλαιον.
ΣΩ. 'Αλλ' ἕκαστόν γε οἶμαι, ὦ Εὐθύφρων, τῶν πραχθέντων ἀμφισβητοῦσιν οἱ ἀμφισβητοῦντες, καὶ ἄνθρωποι καὶ θεοί, εἴπερ ἀμφισβητοῦσιν θεοί· πράξεώς τινος πέρι διαφερόμενοι οἱ μὲν δικαίως φασὶν αὐτὴν πεπρᾶχθαι, οἱ δὲ ἀδίκως· ἆρ' οὐχ οὕτω;
ΕΥΘ. Πάνυ γε.
[9] ΣΩ. Ἴθι νυν, ὦ φίλε Εὐθύφρων, δίδαξον καὶ ἐμέ, ἵνα σοφώτερος γένωμαι, τί σοι τεκμήριόν ἐστιν ὡς πάντες θεοὶ

Sokrates. Gestehen sie etwa auch ein, Euthyphron, im Unrecht zu sein, und behaupten sie trotz dieses Eingeständnisses, sie dürften nicht bestraft werden?
Euthyphron. Nein, das natürlich keineswegs.
Sokrates. Also tun und sagen sie doch nicht alles nur Denkbare; das nämlich, meine ich, wagen sie nicht: dazu nein zu sagen oder zu bestreiten, daß sie bestraft werden müssen, wenn sie sich nun einmal vergangen haben; vielmehr, glaube ich, stellen sie nur in Abrede, Unrecht getan zu haben; [d] nicht wahr?
Euthyphron. Damit hast du recht.
Sokrates. Das also bestreiten sie nicht, daß der Übeltäter bestraft werden muß, wohl aber streiten sie vielleicht darüber, wer es ist, der sich vergangen hat, und durch welches Tun und zu welcher Zeit.
Euthyphron. Das ist richtig.
Sokrates. Befinden sich nun die Götter nicht eben in dieser Lage, wenn sie wirklich einmal, wie deine Rede ist, über das Gerechte und das Ungerechte uneins sind und dann die einen zugeben, einander Unrecht getan zu haben, die anderen es aber in Abrede stellen? Denn das, du Wunderbarer, wagt doch gewiß keiner unter Göttern oder Menschen zu behaupten, daß der Übeltäter nicht büßen müsse.
[e] *Euthyphron.* Ja, damit, Sokrates, triffst du die Wahrheit, wenigstens im wesentlichen.
Sokrates. Jedoch, ich glaube, Euthyphron, die Streitenden fechten ihren Streit über jede Einzelheit dessen aus, was geschehen ist, sowohl Menschen wie Götter, wenn Götter sich überhaupt streiten; wenn sie nämlich über irgendein Tun[15] verschiedener Meinung sind, sagen die einen, es habe sich zu Recht, die anderen aber, es habe sich zu Unrecht vollzogen; ist es nicht so?
Euthyphron. Allerdings.
[9] *Sokrates.* Nun denn, lieber Euthyphron, belehre, damit ich weiser werde, auch mich, was dir Beweis dafür ist, daß alle Götter glauben, jener habe widerrechtlich den Tod ge-

ἡγοῦνται ἐκεῖνον ἀδίκως τεθνάναι, ὃς ἂν θητεύων ἀνδροφόνος γενόμενος, συνδεθεὶς ὑπὸ τοῦ δεσπότου τοῦ ἀποθανόντος, φθάσῃ τελευτήσας διὰ τὰ δεσμὰ πρὶν τὸν συνδήσαντα παρὰ τῶν ἐξηγητῶν περὶ αὐτοῦ πυθέσθαι τί χρὴ ποιεῖν, καὶ ὑπὲρ τοῦ τοιούτου δὴ ὀρθῶς ἔχει ἐπεξιέναι καὶ ἐπισκήπτεσθαι φόνου τὸν ὑὸν τῷ πατρί; ἴθι, περὶ τούτων πειρῶ τί μοι σαφὲς ἐνδείξασθαι [b] ὡς παντὸς μᾶλλον πάντες θεοὶ ἡγοῦνται ὀρθῶς ἔχειν ταύτην τὴν πρᾶξιν· κἄν μοι ἱκανῶς ἐνδείξῃ, ἐγκωμιάζων σε ἐπὶ σοφίᾳ οὐδέποτε παύσομαι.

ΕΥΘ. Ἀλλ' ἴσως οὐκ ὀλίγον ἔργον ἐστίν, ὦ Σώκρατες, ἐπεὶ πάνυ γε σαφῶς ἔχοιμι ἂν ἐπιδεῖξαί σοι.

ΣΩ. Μανθάνω· ὅτι σοι δοκῶ τῶν δικαστῶν δυσμαθέστερος εἶναι, ἐπεὶ ἐκείνοις γε ἐνδείξῃ δῆλον ὅτι ὡς ἄδικά τέ ἐστιν καὶ οἱ θεοὶ ἅπαντες τὰ τοιαῦτα μισοῦσιν.

ΕΥΘ. Πάνυ γε σαφῶς, ὦ Σώκρατες, ἐάνπερ ἀκούωσί γέ μου λέγοντος.

[c] ΣΩ. Ἀλλ' ἀκούσονται. ἐάνπερ εὖ δοκῇς λέγειν. τόδε δέ σου ἐνενόησα ἅμα λέγοντος καὶ πρὸς ἐμαυτὸν σκοπῶ· »Εἰ ὅτι μάλιστά με Εὐθύφρων διδάξειεν ὡς οἱ θεοὶ ἅπαντες τὸν τοιοῦτον θάνατον ἡγοῦνται ἄδικον εἶναι, τί μᾶλλον ἐγὼ μεμάθηκα παρ' Εὐθύφρονος τί ποτ' ἐστὶν τὸ ὅσιόν τε καὶ τὸ ἀνόσιον; θεομισὲς μὲν γὰρ τοῦτο τὸ ἔργον, ὡς ἔοικεν, εἴη ἄν. ἀλλὰ γὰρ οὐ τούτῳ ἐφάνη ἄρτι ὡρισμένα τὸ ὅσιον καὶ μή· τὸ γὰρ θεομισὲς ὂν καὶ θεοφιλὲς ἐφάνη.« ὥστε τούτου μὲν ἀφίημί σε, ὦ Εὐθύφρων· εἰ βούλει, πάντες αὐτὸ ἡγείσθων θεοὶ ἄδικον καὶ πάντες μισούντων. [d] ἀλλ' ἆρα

funden, der als Tagelöhner zum Mörder geworden, dann von dem Herrn des Ermordeten gebunden und schließlich unter Einwirkung der Fesseln umgekommen sei, ehe noch der, der ihn hatte fesseln lassen, von den Rechtskundigen Bescheid erhalten habe, was mit ihm geschehen solle; und daß es daher ordnungsgemäß ist, wenn für einen Menschen, dem solches widerfährt, der Sohn gegen den Vater vorgeht und Klage erhebt wegen Mordes. Wohlan, das versuche mir doch recht deutlich zu erklären, [b] daß alle Götter unzweifelhaft glauben, dieses Handeln sei Rechtens; und wenn du mir dafür einen schlüssigen Beweis lieferst, will ich niemals aufhören, dich ob deiner Weisheit zu preisen.

Euthyphron. Das ist vielleicht kein geringfügiges Unterfangen, Sokrates, indessen dürfte ich imstande sein, dir dies ganz genau aufzuzeigen.

Sokrates. Ich verstehe; ich scheine dir weniger aufnahmefähig zu sein als die Richter, denn ihnen willst du natürlich beweisen, daß alle Fälle solcher Art nicht Rechtens sind und die Götter ohne Unterschied derartiges hassen.

Euthyphron. Ganz gewiß werde ich das tun, Sokrates, wenn sie nur auf meine Worte hören werden.

[c] *Sokrates.* Ja, sie werden dir zuhören, wenn du ihnen nur überzeugend zu sprechen scheinst. Dieses aber bemerkte ich an dir, während du sprachst, und überdenke es nun bei mir selbst: »Wenn mir Euthyphron noch so deutlich aufzeigen sollte, daß alle Götter glauben, die so vollzogene Tötung sei ungerecht, wieso habe ich dann von Euthyphron mehr darüber erfahren, was das Fromme und das Unfromme ist? Gottverhaßt nämlich dürfte, wie es scheint, dieses Verfahren im Einzelfall sein. Jedoch erschien soeben das Fromme und das Unfromme mit dieser Erklärung nicht genau bestimmt; denn das, was den Göttern verhaßt ist, wurde zugleich deutlich als das, was den Göttern lieb ist.« Daher entbinde ich dich, Euthyphron, von der Beweisführung in diesem Einzelfall; und, wenn du willst, sollen alle Götter die Tat für ungerecht halten und alle sie hassen. [d] Wie jedoch ist es mit dem,

τοῦτο ὃ νῦν ἐπανορθούμεθα ἐν τῷ λόγῳ – ὡς, ὃ μὲν ἂν πάντες οἱ θεοὶ μισῶσιν, ἀνόσιόν ἐστιν, ὃ δ' ἂν φιλῶσιν, ὅσιον· ὃ δ' ἂν οἱ μὲν φιλῶσιν οἱ δὲ μισῶσιν, οὐδέτερα ἢ ἀμφότερα – ἆρ' οὕτω βούλει ἡμῖν ὡρίσθαι νῦν περὶ τοῦ ὁσίου καὶ τοῦ ἀνοσίου;

ΕΥΘ. Τί γὰρ κωλύει, ὦ Σώκρατες;

ΣΩ. Οὐδὲν ἐμέ γε, ὦ Εὐθύφρων, ἀλλὰ σὺ δὴ τὸ σὸν σκόπει, εἰ τοῦτο ὑποθέμενος οὕτω ῥᾷστά με διδάξεις ὃ ὑπέσχου.

[e] ΕΥΘ. Ἀλλ' ἔγωγε φαίην ἂν τοῦτο εἶναι τὸ ὅσιον ὃ ἂν πάντες οἱ θεοὶ φιλῶσιν, καὶ τὸ ἐναντίον, ὃ ἂν πάντες θεοὶ μισῶσιν, ἀνόσιον.

ΣΩ. Οὐκοῦν ἐπισκοπῶμεν αὖ τοῦτο, ὦ Εὐθύφρων, εἰ καλῶς λέγεται, ἢ ἐῶμεν καὶ οὕτω ἡμῶν τε αὐτῶν ἀποδεχώμεθα καὶ τῶν ἄλλων, ἐὰν μόνον φῇ τίς τι ἔχειν οὕτω συγχωροῦντες ἔχειν; ἢ σκεπτέον τί λέγει ὁ λέγων;

ΕΥΘ. Σκεπτέον· οἶμαι μέντοι ἔγωγε τοῦτο νυνὶ καλῶς λέγεσθαι.

[10] ΣΩ. Τάχ', ὠγαθέ, βέλτιον εἰσόμεθα. ἐννόησον γὰρ τὸ τοιόνδε· ἆρα τὸ ὅσιον ὅτι ὅσιόν ἐστιν φιλεῖται ὑπὸ τῶν θεῶν, ἢ ὅτι φιλεῖται ὅσιόν ἐστιν;

ΕΥΘ. Οὐκ οἶδ' ὅτι λέγεις, ὦ Σώκρατες.

ΣΩ. Ἀλλ' ἐγὼ πειράσομαι σαφέστερον φράσαι. λέγομέν τι φερόμενον καὶ φέρον καὶ ἀγόμενον καὶ ἄγον καὶ ὁρώμενον καὶ ὁρῶν καὶ πάντα τὰ τοιαῦτα μανθάνεις ὅτι ἕτερα ἀλλήλων ἐστὶ καὶ ᾗ ἕτερα;

ΕΥΘ. Ἔγωγέ μοι δοκῶ μανθάνειν.

was wir in unserem Gespräch jetzt zurechtrücken – daß nämlich alles, was alle Götter hassen, unfromm, alles, was alle lieben, fromm sei, daß dagegen alles, was die einen lieben, die anderen aber hassen, keines von beiden oder beides zugleich sei –, willst du, daß damit jetzt für uns die Abgrenzung des Frommen und des Unfrommen verwirklicht ist?
Euthyphron. Ja, denn was hindert uns daran, Sokrates?
Sokrates. Mich gewiß nichts, Euthyphron, aber sieh du doch auf dein Anliegen, ob du dann, wenn du dies zugrunde legst, mich ganz leicht lehren wirst, was du versprochen hast.
[e] *Euthyphron.* Ich für meine Person möchte also behaupten, das Fromme sei das, was alle Götter lieben, und das diesem Entgegengesetzte, das, was alle Götter hassen, sei das Unfromme.
Sokrates. Wollen wir nun nicht erneut prüfen, Euthyphron, ob dies richtig ausgesagt ist, oder wollen wir es auf sich beruhen lassen und es uns selbst und allen anderen vorbehaltlos abnehmen und, wenn jemand nur sagt, etwas verhalte sich so, diesen Sachverhalt ohne weiteres zugeben? Oder gilt es für uns zu prüfen, was der, der etwas behauptet, wirklich meint?
Euthyphron. Wir müssen es prüfen. Ich für meine Person glaube allerdings, dieses ist jetzt richtig gesagt.
[10] *Sokrates.* Das, mein Guter, werden wir bald besser wissen. Erwäge nämlich folgendes: Wird das Fromme, weil es fromm ist, von den Göttern geliebt, oder ist es fromm, weil es von ihnen geliebt wird?
Euthyphron. Ich weiß nicht, was du meinst, Sokrates.
Sokrates. So will ich denn versuchen, es genauer darzulegen. Wir sprechen doch von etwas, das getragen wird, und von etwas, das trägt, von etwas, das geführt wird, und von etwas, das führt, von etwas, das gesehen wird, und etwas, das sieht, und du lernst doch verstehen, daß bei allen derartigen Dingen das eine vom anderen verschieden und in welcher Hinsicht es verschieden ist?
Euthyphron. Ich wenigstens glaube es zu verstehen.

ΣΩ. Οὐκοῦν καὶ φιλούμενόν τί ἐστιν καὶ τούτου ἕτερον τὸ φιλοῦν;

ΕΥΘ. Πῶς γὰρ οὔ;

[b] ΣΩ. Λέγε δή μοι, πότερον τὸ φερόμενον διότι φέρεται φερόμενόν ἐστιν, ἢ δι' ἄλλο τι;

ΕΥΘ. Οὔκ, ἀλλὰ διὰ τοῦτο.

ΣΩ. Καὶ τὸ ἀγόμενον δὴ διότι ἄγεται, καὶ τὸ ὁρώμενον διότι ὁρᾶται;

ΕΥΘ. Πάνυ γε.

ΣΩ. Οὐκ ἄρα διότι ὁρώμενόν γέ ἐστιν, διὰ τοῦτο ὁρᾶται, ἀλλὰ τὸ ἐναντίον διότι ὁρᾶται, διὰ τοῦτο ὁρώμενον· οὐδὲ διότι ἀγόμενόν ἐστιν, διὰ τοῦτο ἄγεται, ἀλλὰ διότι ἄγεται, διὰ τοῦτο ἀγόμενον· οὐδὲ διότι φερόμενον φέρεται, ἀλλὰ διότι φέρεται φερόμενον. ἆρα κατάδηλον, ὦ Εὐθύφρων, ὃ βούλομαι λέγειν; [c] βούλομαι δὲ τόδε, ὅτι εἴ τι γίγνεται ἤ τι πάσχει, οὐχ ὅτι γιγνόμενόν ἐστι γίγνεται, ἀλλ' ὅτι γίγνεται γιγνόμενόν ἐστιν· οὐδ' ὅτι πάσχον ἐστὶ πάσχει, ἀλλ' ὅτι πάσχει πάσχον ἐστίν· ἢ οὐ συγχωρεῖς οὕτω;

ΕΥΘ. Ἔγωγε.

ΣΩ. Οὐκοῦν καὶ τὸ φιλούμενον ἢ γιγνόμενόν τί ἐστιν ἢ πάσχον τι ὑπό του;

ΕΥΘ. Πάνυ γε.

ΣΩ. Καὶ τοῦτο ἄρα οὕτως ἔχει ὥσπερ τὰ πρότερα· οὐχ ὅτι φιλούμενόν ἐστιν φιλεῖται ὑπὸ ὧν φιλεῖται, ἀλλ' ὅτι φιλεῖται φιλούμενον;

ΕΥΘ. Ἀνάγκη.

[d] ΣΩ. Τί δὴ οὖν λέγομεν περὶ τοῦ ὁσίου, ὦ Εὐθύφρων; ἄλλο τι φιλεῖται ὑπὸ θεῶν πάντων, ὡς ὁ σὸς λόγος;

Sokrates. Gibt es nun nicht einerseits etwas, das geliebt wird, und zum anderen, von diesem unterschieden, das, was liebt?
Euthyphron. Wie sollte es nicht?
[b] *Sokrates.* Sage mir also, ob das Getragene, eben weil es getragen wird, etwas Getragenes ist, oder aus einem anderen Grunde.
Euthyphron. Aus gar keinem anderen Grunde, sondern ebendeswegen.
Sokrates. Und das Geführte also deshalb, weil es geführt wird, und das Gesehene deshalb, weil es gesehen wird?
Euthyphron. Allerdings.
Sokrates. Nicht also deshalb, weil es ein Gesehenes ist, wird es gesehen, sondern im Gegenteil, deshalb ist es ein Gesehenes, weil es gesehen wird; und nicht deshalb wird es geführt, weil es ein Geführtes ist, sondern es ist deshalb ein Geführtes, weil es geführt wird; auch nicht, weil es ein Getragenes ist, wird es getragen, sondern es ist ein Getragenes, weil es getragen wird. Ist damit nun klar, Euthyphron, was ich sagen will? [c] Ich will aber dieses sagen: Wenn etwas wird oder etwas leidet, so wird es nicht, weil es ein Werdendes ist, sondern weil es wird, ist es ein Werdendes; und es leidet nicht, weil es ein Leidendes ist, sondern weil es leidet, ist es ein Leidendes; oder läßt du das so nicht gelten?
Euthyphron. Doch.
Sokrates. Und ist nicht auch das Geliebte etwas, mit dem etwas geschieht, oder etwas, das etwas von etwas anderem erleidet?
Euthyphron. Doch, gewiß.
Sokrates. Auch dieses also verhält sich so wie alles Vorige;[16] nicht also, weil es etwas Geliebtes ist, wird es geliebt, von denen es geliebt wird, sondern es ist etwas Geliebtes, weil es geliebt wird?
Euthyphron. Notwendigerweise.
[d] *Sokrates.* Was also sagen wir nun über das Fromme, Euthyphron? Nicht wahr, es wird doch nach deiner Behauptung von Göttern ausnahmslos geliebt?

ΕΥΘ. Ναί.
ΣΩ. Ἆρα διὰ τοῦτο, ὅτι ὅσιόν ἐστιν, ἢ δι᾽ ἄλλο τι;
ΕΥΘ. Οὔκ, ἀλλὰ διὰ τοῦτο.
ΣΩ. Διότι ἄρα ὅσιόν ἐστιν φιλεῖται, ἀλλ᾽ οὐχ ὅτι φιλεῖται, διὰ τοῦτο ὅσιόν ἐστιν;
ΕΥΘ. Ἔοικεν.
ΣΩ. Ἀλλὰ μὲν δὴ διότι γε φιλεῖται ὑπὸ θεῶν φιλούμενόν ἐστι καὶ θεοφιλές.
ΕΥΘ. Πῶς γὰρ οὔ;
ΣΩ. Οὐκ ἄρα τὸ θεοφιλὲς ὅσιόν ἐστιν, ὦ Εὐθύφρων, οὐδὲ τὸ ὅσιον θεοφιλές, ὡς σὺ λέγεις, ἀλλ᾽ ἕτερον τοῦτο τούτου.
[e] ΕΥΘ. Πῶς δή, ὦ Σώκρατες;
ΣΩ. Ὅτι ὁμολογοῦμεν τὸ μὲν ὅσιον διὰ τοῦτο φιλεῖσθαι, ὅτι ὅσιόν ἐστιν, ἀλλ᾽ οὐ διότι φιλεῖται ὅσιον εἶναι· ἦ γάρ;
ΕΥΘ. Ναί.
ΣΩ. Τὸ δέ γε θεοφιλὲς ὅτι φιλεῖται ὑπὸ θεῶν, αὐτῷ τούτῳ τῷ φιλεῖσθαι θεοφιλὲς εἶναι, ἀλλ᾽ οὐχ ὅτι θεοφιλές, διὰ τοῦτο φιλεῖσθαι.
ΕΥΘ. Ἀληθῆ λέγεις.
ΣΩ. Ἀλλ᾽ εἴ γε ταὐτὸν ἦν, ὦ φίλε Εὐθύφρων, τὸ θεοφιλὲς καὶ τὸ ὅσιον, εἰ μὲν διὰ τὸ ὅσιον εἶναι ἐφιλεῖτο τὸ ὅσιον, [11] καὶ διὰ τὸ θεοφιλὲς εἶναι ἐφιλεῖτο ἂν τὸ θεοφιλές, εἰ δὲ διὰ τὸ φιλεῖσθαι ὑπὸ θεῶν τὸ θεοφιλὲς θεοφιλὲς ἦν, καὶ τὸ ὅσιον ἂν διὰ τὸ φιλεῖσθαι ὅσιον ἦν· νῦν δὲ ὁρᾷς ὅτι ἐναντίως ἔχετον, ὡς παντάπασιν ἑτέρω ὄντε ἀλλήλων. τὸ μὲν γάρ, ὅτι φιλεῖται, ἐστὶν οἷον φιλεῖσθαι· τὸ δ᾽ ὅτι ἐστὶν οἷον φιλεῖσθαι, διὰ τοῦτο φιλεῖται. καὶ κινδυνεύεις, ὦ Εὐθύφρων, ἐρωτώμενος τὸ ὅσιον ὅτι ποτ᾽ ἐστίν, τὴν μὲν οὐσίαν μοι αὐτοῦ οὐ βούλεσθαι δηλῶσαι, πάθος δέ τι περὶ αὐτοῦ

Euthyphron. Gewiß.
Sokrates. Etwa deshalb, weil es fromm ist, oder aus einem anderen Grunde?
Euthyphron. Nein, sondern ebendeswegen.
Sokrates. Weil es also fromm ist, wird es geliebt, nicht aber ist es deswegen fromm, weil es geliebt wird?
Euthyphron. Es scheint so.
Sokrates. Deswegen also, weil es von Göttern geliebt wird, ist es etwas, das geliebt wird, und den Göttern Liebes.
Euthyphron. Wie sollte es nicht so sein?
Sokrates. Nicht also ist das Gottgeliebte das Fromme, Euthyphron, und auch nicht das Fromme das Gottgeliebte, wie du sagst, sondern verschieden ist dieses von jenem.
[e] *Euthyphron.* Wieso denn, Sokrates?
Sokrates. Weil wir übereingekommen sind, daß einerseits das Fromme deshalb geliebt wird, weil es fromm ist, und es andererseits nicht fromm ist, weil es geliebt wird; nicht wahr?
Euthyphron. Allerdings.
Sokrates. Daß aber das Gottgeliebte, weil es von Göttern geliebt wird, eben durch dieses Geliebtwerden gottgeliebt ist, nicht aber deshalb geliebt wird, weil es gottgeliebt ist.
Euthyphron. Damit hast du recht.
Sokrates. Wenn aber, lieber Euthyphron, das Gottgeliebte und das Fromme dasselbe wären, so würde, wenn das Fromme wegen des Frommseins geliebt würde, auch das den Göttern Liebe wegen des Gottgeliebtseins geliebt; [11] und wenn andererseits das Gottgeliebte wegen des von den Göttern Geliebtwerdens gottgeliebt wäre, so wäre auch das Fromme fromm, weil es geliebt wird. Jetzt aber siehst du, daß sich beide Dinge gegensätzlich verhalten, als ob sie gänzlich verschieden voneinander wären. Denn das eine ist, weil es geliebt wird, liebenswert, das andere wird ebendeshalb geliebt, weil es liebenswert ist. Und du, Euthyphron, scheinst auf die Frage, was denn das Fromme sei, sein eigentliches Wesen mir nicht angeben, wohl aber bei ihm eine zufällige Einwirkung nennen zu wollen, die dieses Fromme erfahren hat, nämlich

λέγειν, ὅτι πέπονθε τοῦτο τὸ ὅσιον, φιλεῖσθαι ὑπὸ πάντων θεῶν· ὅτι δὲ ὄν, οὔπω εἶπες. [b] εἰ οὖν σοι φίλον, μή με ἀποκρύψῃ ἀλλὰ πάλιν εἰπὲ ἐξ ἀρχῆς τί ποτε ὂν τὸ ὅσιον εἴτε φιλεῖται ὑπὸ θεῶν εἴτε ὁτιδὴ πάσχει – οὐ γὰρ περὶ τούτου διοισόμεθα – ἀλλ' εἰπὲ προθύμως τί ἐστιν τό τε ὅσιον καὶ τὸ ἀνόσιον;

ΕΥΘ. Ἀλλ', ὦ Σώκρατες, οὐκ ἔχω ἔγωγε ὅπως σοι εἴπω ὃ νοῶ· περιέρχεται γάρ πως ἡμῖν ἀεὶ ὃ ἂν προθώμεθα καὶ οὐκ ἐθέλει μένειν ὅπου ἂν ἱδρυσώμεθα αὐτό.

ΣΩ. Τοῦ ἡμετέρου προγόνου, ὦ Εὐθύφρων, ἔοικεν εἶναι Δαιδάλου τὰ ὑπὸ σοῦ λεγόμενα. [c] καὶ εἰ μὲν αὐτὰ ἐγὼ ἔλεγον καὶ ἐτιθέμην, ἴσως ἄν με ἐπέσκωπτες ὡς ἄρα καὶ ἐμοὶ κατὰ τὴν ἐκείνου συγγένειαν τὰ ἐν τοῖς λόγοις ἔργα ἀποδιδράσκει καὶ οὐκ ἐθέλει μένειν ὅπου ἄν τις αὐτὰ θῇ· νῦν δὲ σαὶ γὰρ αἱ ὑποθέσεις εἰσίν. ἄλλου δή τινος δεῖ σκώμματος· οὐ γὰρ ἐθέλουσι σοὶ μένειν, ὡς καὶ αὐτῷ σοι δοκεῖ.

ΕΥΘ. Ἐμοὶ δὲ δοκεῖ σχεδόν τι τοῦ αὐτοῦ σκώμματος, ὦ Σώκρατες, δεῖσθαι τὰ λεγόμενα· τὸ γὰρ περιιέναι αὐτοῖς τοῦτο καὶ μὴ μένειν ἐν τῷ αὐτῷ οὐκ ἐγώ εἰμι ὁ ἐντιθείς, [d] ἀλλὰ σύ μοι δοκεῖς ὁ Δαίδαλος, ἐπεὶ ἐμοῦ γε ἕνεκα ἔμενεν ἂν ταῦτα οὕτως.

ΣΩ. Κινδυνεύω ἄρα, ὦ ἑταῖρε, ἐκείνου τοῦ ἀνδρὸς δεινότερος γεγονέναι τὴν τέχνην τοσούτῳ, ὅσῳ ὁ μὲν τὰ αὑτοῦ μόνα ἐποίει οὐ μένοντα, ἐγὼ δὲ πρὸς τοῖς ἐμαυτοῦ, ὡς ἔοικε, καὶ τὰ ἀλλότρια. καὶ δῆτα τοῦτό μοι τῆς τέχνης ἐστὶ

von allen Göttern geliebt zu werden; in welcher Beschaffenheit es aber diese Einwirkung erfahren hat, hast du noch nicht gesagt. [b] Wenn es dir nun lieb ist, so verheimliche es mir nicht, sondern führe erneut von Anfang an aus, was denn nun das Fromme seinem Wesen nach ist, sei es, daß es von Göttern geliebt wird, sei es, daß ihm sonst etwas widerfährt – denn darüber werden wir nicht in Streit geraten; sage also freimütig heraus: Was ist das Fromme und was das Unfromme?

Euthyphron. Ach, Sokrates, ich weiß doch nicht, wie ich dir sagen soll, was ich denke; denn irgendwie dreht sich uns immer im Kreise, was wir auch feststellen, und es ist nicht willens, an der Stelle unverrückbar zu bleiben, an der wir es festmachten.

Sokrates. Zu unserem Ahnherrn Daidalos,[17] Euthyphron, scheint zu passen, was du da sagst. [c] Wenn ich diese Behauptungen ausspräche und aufstellte, würdest du mich vielleicht verspotten, daß ja auch mir bei der Verwandtschaft mit jenem meine in Worte gefaßten Kunstformen davonliefen und nicht stets an der Stelle bleiben wollten, an der man sie niederstellt. Jetzt ist es anders, denn es handelt sich um *deine* Thesen. So bedarf es denn einer anderen scherzhaften Wendung; denn bei dir wollen sie nicht an Ort und Stelle bleiben, wie es dir ja auch wohl selbst zu sein scheint.

Euthyphron. Mir scheint das, was gesagt wurde, ebendiesen Spott beinahe herauszufordern, Sokrates; was nämlich das Herumgehen und das Nichtverharren an derselben Stelle betrifft, so bin nicht ich es, der dieses ihnen eingibt, [d] sondern du scheinst mir der bekannte Daidalos zu sein, denn meinetwegen blieben sie wohl an ihrer Stelle.

Sokrates. Ich scheine also, mein Freund, noch gewaltiger in der Kunstfertigkeit zu sein als jener bekannte Mann, und zwar insofern, als er nur die eigenen Werke dazu brachte, nicht an Ort und Stelle zu bleiben, ich aber, wie es scheint, dieses nicht nur bei meinen eigenen, sondern auch bei den Werken anderer bewirke. Und das ist für mich an meiner

κομψότατον, ὅτι ἄκων εἰμὶ σοφός· ἐβουλόμην γὰρ ἄν μοι τοὺς λόγους μένειν καὶ ἀκινήτως ἱδρῦσθαι μᾶλλον ἢ πρὸς τῇ Δαιδάλου σοφίᾳ τὰ Ταντάλου χρήματα γενέσθαι. [e] καὶ τούτων μὲν ἅδην· ἐπειδὴ δέ μοι δοκεῖς σὺ τρυφᾶν, αὐτός σοι συμπροθυμήσομαι δεῖξαι ὅπως ἄν με διδάξῃς περὶ τοῦ ὁσίου. καὶ μὴ προαποκάμῃς· ἰδὲ γὰρ εἰ οὐκ ἀναγκαῖόν σοι δοκεῖ δίκαιον εἶναι πᾶν τὸ ὅσιον.

ΕΥΘ. Ἔμοιγε.

ΣΩ. Ἆρ' οὖν καὶ πᾶν τὸ δίκαιον ὅσιον; ἢ τὸ μὲν ὅσιον πᾶν δίκαιον, [12] τὸ δὲ δίκαιον οὐ πᾶν ὅσιον, ἀλλὰ τὸ μὲν αὐτοῦ ὅσιον, τὸ δέ τι καὶ ἄλλο;

ΕΥΘ. Οὐχ ἕπομαι, ὦ Σώκρατες, τοῖς λεγομένοις.

ΣΩ. Καὶ μὴν νεώτερός γέ μου εἶ οὐκ ἐλάττονι ἢ ὅσῳ σοφώτερος· ἀλλ', ὃ λέγω, τρυφᾷς ὑπὸ πλούτου τῆς σοφίας. ἀλλ', ὦ μακάριε, σύντεινε σαυτόν· καὶ γὰρ οὐδὲ χαλεπὸν κατανοῆσαι ὃ λέγω. λέγω γὰρ δὴ τὸ ἐναντίον ἢ ὁ ποιητὴς ἐποίησεν ὁ ποιήσας –

Ζῆνα δὲ τὸν θ' ἕρξαντα καὶ ὃς τάδε πάντ' ἐφύτευσεν
οὐκ ἐθέλει νεικεῖν· ἵνα γὰρ δέος ἔνθα καὶ αἰδώς.

[b] ἐγὼ οὖν τούτῳ διαφέρομαι τῷ ποιητῇ. εἴπω σοι ὅπῃ;

ΕΥΘ. Πάνυ γε.

ΣΩ. Οὐ δοκεῖ μοι εἶναι »ἵνα δέος ἔνθα καὶ αἰδώς«· πολλοὶ

Kunstfertigkeit entschieden das Ausgeklügeltste, daß ich, sogar ohne es zu wollen, so schlau bin; denn ich möchte lieber, daß meine Aussagen an der ihnen zugewiesenen Stelle blieben und fest gegründet wären, als daß mir neben der Weisheit eines Daidalos noch der Reichtum eines Tantalos[18] zuteil würde. [e] Doch davon freilich genug! Da du dich, wie mir scheint, in deiner Bequemlichkeit nicht mehr anstrengst, will ich mich gemeinsam mit dir bemühen aufzuzeigen, wie du mich vielleicht doch über das Fromme belehrst. Jedoch, ermüde mir nur nicht vor dem Ziel! Denn sieh, ob dir nicht notwendigerweise alles Fromme gerecht erscheint!
Euthyphron. Mir erscheint es so.
Sokrates. Ist nun alles, was gerecht ist, fromm? Oder ist zwar das Fromme in seiner Ganzheit gerecht, [12] das Gerechte aber nicht im ganzen fromm, sondern nur der eine Teil davon fromm, der andere aber irgendwie auch anders?
Euthyphron. Ich kann deinen Ausführungen nicht folgen, Sokrates.
Sokrates. Und doch hast du an Jugend vor mir nicht weniger voraus als an Weisheit; aber du bist, wie ich sage, träge ob einer Überfülle an Weisheit. Doch nun nimm dich einmal zusammen, du reich Gesegneter; denn es ist überhaupt nicht schwer zu verstehen, was ich meine. Ich sage nämlich gerade das Gegenteil von dem, was der Dichter so gedichtet hat, der da dichtete:[19]

> Zeus aber, der es gewirkt und der dieses alles geschaffen hat,
> will er nicht schmähen; wo nämlich Furcht herrscht, da gibt es auch Scheu.

[b] Ich nun weiche da von diesem Dichter ab. Soll ich dir sagen, wieso?
Euthyphron. Bitte.
Sokrates. Ich glaube nicht daran, daß es da, »wo Furcht herrscht, auch Scheu gibt«. Denn nach meiner Meinung leben

γάρ μοι δοκοῦσι καὶ νόσους καὶ πενίας καὶ ἄλλα πολλὰ τοιαῦτα δεδιότες δεδιέναι μέν, αἰδεῖσθαι δὲ μηδὲν ταῦτα ἃ δεδίασιν· οὐ καὶ σοὶ δοκεῖ;

ΕΥΘ. Πάνυ γε.

ΣΩ. Ἀλλ' ἵνα γε αἰδὼς ἔνθα καὶ δέος εἶναι· ἐπεὶ ἔστιν ὅστις αἰδούμενός τι πρᾶγμα καὶ αἰσχυνόμενος οὐ πεφόβηταί τε καὶ δέδοικεν ἅμα δόξαν πονηρίας;

[c] ΕΥΘ. Δέδοικε μὲν οὖν.

ΣΩ. Οὐκ ἄρ' ὀρθῶς ἔχει λέγειν· »ἵνα γὰρ δέος ἔνθα καὶ αἰδώς«, ἀλλ' »ἵνα μὲν αἰδὼς ἔνθα καὶ δέος«, οὐ μέντοι ἵνα γε δέος πανταχοῦ αἰδώς· ἐπὶ πλέον γὰρ οἶμαι δέος αἰδοῦς. μόριον γὰρ αἰδὼς δέους ὥσπερ ἀριθμοῦ περιττόν, ὥστε οὐχ ἵναπερ ἀριθμὸς ἔνθα καὶ περιττόν, ἵνα δὲ περιττὸν ἔνθα καὶ ἀριθμός. ἕπῃ γάρ που νῦν γε;

ΕΥΘ. Πάνυ γε.

ΣΩ. Τὸ τοιοῦτον τοίνυν καὶ ἐκεῖ λέγων ἠρώτων· ἆρα ἵνα δίκαιον ἔνθα καὶ ὅσιον; [d] ἢ ἵνα μὲν ὅσιον ἔνθα καὶ δίκαιον, ἵνα δὲ δίκαιον οὐ πανταχοῦ ὅσιον· μόριον γὰρ τοῦ δικαίου τὸ ὅσιον; οὕτω φῶμεν ἢ ἄλλως σοι δοκεῖ;

ΕΥΘ. Οὔκ, ἀλλ' οὕτω. φαίνῃ γάρ μοι ὀρθῶς λέγειν.

ΣΩ. Ὅρα δὴ τὸ μετὰ τοῦτο. εἰ γὰρ μέρος τὸ ὅσιον τοῦ δικαίου, δεῖ δὴ ἡμᾶς, ὡς ἔοικεν, ἐξευρεῖν τὸ ποῖον μέρος ἂν εἴη τοῦ δικαίου τὸ ὅσιον. εἰ μὲν οὖν σύ με ἠρώτας τι τῶν νυνδή, οἷον ποῖον μέρος ἐστὶν ἀριθμοῦ τὸ ἄρτιον καὶ τίς ὢν

zwar viele, die sich vor Krankheiten, ärmlichen Verhältnissen und vielem anderen Derartigem fürchten, in Furcht, sie haben aber keineswegs Scheu vor dem, was sie fürchten; scheint es nicht auch dir so zu sein?
Euthyphron. Allerdings.
Sokrates. Jedoch, wo Scheu lebendig ist, da scheint auch Furcht zu herrschen. Denn gibt es wohl jemanden, der zwar Scheu vor einer Tat hat und Scham über sie empfindet, der aber nicht auch in Furcht lebt und zugleich Angst hat vor dem Ruf der Schlechtigkeit?
[c] *Euthyphron.* Gewiß lebt er in Angst.
Sokrates. Also ist es nicht richtig zu sagen, »denn wo Furcht herrscht, da gibt es auch Scheu«, wohl aber, »wo es Scheu gibt, da herrscht auch Furcht«; freilich gibt es nicht überall Scheu, wo Furcht herrscht. Furcht nämlich ist, so glaube ich, begrifflich umfassender als Scheu. Denn Scheu ist ein Teil von Furcht, wie ein Ungerades ein Teil einer Zahl ist, und zwar derart, daß nicht überall, wo eine Zahl, auch Ungerades ist, überall da aber, wo Ungerades, auch eine Zahl ist. Jetzt folgst du mir doch wohl?
Euthyphron. Gewiß.
Sokrates. In diese Richtung etwa zielte ich auch vorhin mit meiner wiederholten Frage, als ich da sagte: Ist überall da, wo Gerechtes ist, auch Frommes? [d] Oder ist da, wo Frommes ist, auch Gerechtes, wo aber Gerechtes ist, nicht überall Frommes? Ist nämlich das Fromme ein Teil des Gerechten? Sollen wir es so sagen, oder bist du anderer Auffassung?
Euthyphron. Nein, so meine ich es. Du nämlich scheinst es mir zutreffend zu sagen.
Sokrates. Betrachte nun das, was daraus folgt. Wenn nämlich das Fromme ein Teil des Gerechten ist, so müssen wir doch, wie es scheint, ausfindig machen, was für ein Teil des Gerechten das Fromme sein dürfte. Wenn du mich nun nach einem von den angeführten Dingen genauer fragtest, welcher Teil einer Zahl zum Beispiel das Gerade und von welcher Art diese Zahl überhaupt zufällig sei, so würde ich ohne

τυγχάνει οὗτος ὁ ἀριθμός, εἶπον ἂν ὅτι ὃς ἂν μὴ σκαληνὸς ᾖ ἀλλ᾽ ἰσοσκελής· ἢ οὐ δοκεῖ σοι;

ΕΥΘ. Ἔμοιγε.

[e] ΣΩ. Πειρῶ δὴ καὶ σὺ ἐμὲ οὕτω διδάξαι τὸ ποῖον μέρος τοῦ δικαίου ὅσιόν ἐστιν, ἵνα καὶ Μελήτῳ λέγωμεν μηκέθ᾽ ἡμᾶς ἀδικεῖν μηδὲ ἀσεβείας γράφεσθαι, ὡς ἱκανῶς ἤδη παρὰ σοῦ μεμαθηκότας τά τε εὐσεβῆ καὶ ὅσια καὶ τὰ μή.

ΕΥΘ. Τοῦτο τοίνυν ἔμοιγε δοκεῖ, ὦ Σώκρατες, τὸ μέρος τοῦ δικαίου εἶναι εὐσεβές τε καὶ ὅσιον, τὸ περὶ τὴν τῶν θεῶν θεραπείαν, τὸ δὲ περὶ τὴν τῶν ἀνθρώπων τὸ λοιπὸν εἶναι τοῦ δικαίου μέρος.

ΣΩ. Καὶ καλῶς γέ μοι, ὦ Εὐθύφρων, φαίνῃ λέγειν, ἀλλὰ σμικροῦ τινος ἔτι ἐνδεής εἰμι· [13] τὴν γὰρ θεραπείαν οὔπω συνίημι ἥντινα ὀνομάζεις. οὐ γάρ που λέγεις γε, οἷαίπερ καὶ αἱ περὶ τὰ ἄλλα θεραπεῖαί εἰσιν, τοιαύτην καὶ περὶ θεούς – λέγομεν γάρ που – οἷόν φαμεν ἵππους οὐ πᾶς ἐπίσταται θεραπεύειν ἀλλὰ ὁ ἱππικός· ἦ γάρ;

ΕΥΘ. Πάνυ γε.

ΣΩ. Ἡ γάρ που ἱππικὴ ἵππων θεραπεία.

ΕΥΘ. Ναί.

ΣΩ. Οὐδέ γε κύνας πᾶς ἐπίσταται θεραπεύειν ἀλλὰ ὁ κυνηγετικός.

ΕΥΘ. Οὕτω.

ΣΩ. Ἡ γάρ που κυνηγετικὴ κυνῶν θεραπεία.

[b] ΕΥΘ. Ναί.

ΣΩ. Ἡ δέ γε βοηλατικὴ βοῶν.

ΕΥΘ. Πάνυ γε.

Zaudern sagen: es ist jede, die nicht unpaarig, sondern paarig ist; oder bist du damit nicht einverstanden?
Euthyphron. Doch.
[e] *Sokrates.* Versuche also auch du, mich in dieser Weise zu belehren, was für ein Teil des Gerechten das Fromme ist, damit wir dann auch dem Meletos sagen, er solle uns kein Unrecht mehr zufügen und uns nicht mehr der Gottlosigkeit anklagen, da wir von dir hinreichend im Gottesfürchtigen, im Frommen und in dessen Gegenteil unterwiesen seien.
Euthyphron. Mir also, Sokrates, erscheint das Gottesfürchtige und das Fromme als der Teil des Gerechten, der sich auf die Pflege der Götter bezieht; und der, der sich auf die Pflege der Menschen bezieht, scheint mir dagegen der übrige Teil des Gerechten zu sein.
Sokrates. Ja, Euthyphron, das scheinst du mir gar schön zu sagen, jedoch vermisse ich noch etwas Unwesentliches; [13] was nämlich die Pflege betrifft, so verstehe ich noch nicht, was du Pflege nennst. Denn du meinst doch gewiß nicht eine so geartete Pflege der Götter, wie es Arten von Pflege in allen übrigen Bereichen gibt – denn wir bedienen uns doch gelegentlich dieses Ausdrucks –, sagen wir doch zum Beispiel: Pferde zu pflegen, versteht nicht jeder, sondern nur der Pferdezüchter; nicht wahr?
Euthyphron. Gewiß.
Sokrates. Denn die Kunst der Pferdezucht ist die Pflege von Pferden.
Euthyphron. Ja.
Sokrates. Und nicht jeder versteht es, Hunde zu pflegen, wohl aber der Jäger.
Euthyphron. So ist es.
Sokrates. Denn die Kunst der Jägerei besteht doch auch in der Pflege von Hunden.
[b] *Euthyphron.* Ja.
Sokrates. Und die Kunst der Rinderzucht bedeutet doch auch Pflege von Rindern.
Euthyphron. Gewiß.

ΣΩ. Ἡ δὲ δὴ ὁσιότης τε καὶ εὐσέβεια θεῶν, ὦ Εὐθύφρων; οὕτω λέγεις;
ΕΥΘ. Ἔγωγε.
ΣΩ. Οὐκοῦν θεραπεία γε πᾶσα ταὐτὸν διαπράττεται; οἷον τοιόνδε· ἐπ᾽ ἀγαθῷ τινί ἐστι καὶ ὠφελίᾳ τοῦ θεραπευομένου, ὥσπερ ὁρᾷς δὴ ὅτι οἱ ἵπποι ὑπὸ τῆς ἱππικῆς θεραπευόμενοι ὠφελοῦνται καὶ βελτίους γίγνονται· ἢ οὐ δοκοῦσί σοι;
ΕΥΘ. Ἔμοιγε.
ΣΩ. Καὶ οἱ κύνες γέ που ὑπὸ τῆς κυνηγετικῆς, καὶ οἱ βόες ὑπὸ τῆς βοηλατικῆς, καὶ τἆλλα πάντα ὡσαύτως· [c] ἢ ἐπὶ βλάβῃ οἴει τοῦ θεραπευομένου τὴν θεραπείαν εἶναι;
ΕΥΘ. Μὰ Δί᾽ οὐκ ἔγωγε.
ΣΩ. Ἀλλ᾽ ἐπ᾽ ὠφελίᾳ;
ΕΥΘ. Πῶς δ᾽ οὔ;
ΣΩ. Ἦ οὖν καὶ ἡ ὁσιότης θεραπεία οὖσα θεῶν ὠφελία τέ ἐστι θεῶν καὶ βελτίους τοὺς θεοὺς ποιεῖ; καὶ σὺ τοῦτο συγχωρήσαις ἄν, ὡς ἐπειδάν τι ὅσιον ποιῇς, βελτίω τινὰ τῶν θεῶν ἀπεργάζῃ;
ΕΥΘ. Μὰ Δί᾽ οὐκ ἔγωγε.
ΣΩ. Οὐδὲ γὰρ ἐγώ, ὦ Εὐθύφρων, οἶμαί σε τοῦτο λέγειν – πολλοῦ καὶ δέω – ἀλλὰ τούτου δὴ ἕνεκα καὶ ἀνηρόμην τίνα ποτὲ λέγοις τὴν θεραπείαν τῶν θεῶν, [d] οὐχ ἡγούμενός σε τοιαύτην λέγειν.
ΕΥΘ. Καὶ ὀρθῶς γε, ὦ Σώκρατες· οὐ γὰρ τοιαύτην λέγω.
ΣΩ. Εἶεν· ἀλλὰ τίς δὴ θεῶν θεραπεία εἴη ἂν ἡ ὁσιότης;
ΕΥΘ. Ἥνπερ, ὦ Σώκρατες, οἱ δοῦλοι τοὺς δεσπότας θεραπεύουσιν.
ΣΩ. Μανθάνω· ὑπηρετική τις ἄν, ὡς ἔοικεν, εἴη θεοῖς.

Sokrates. Die Frömmigkeit und die Gottesfurcht aber bedeuten doch Pflege von Göttern, Euthyphron? Meinst du es so?
Euthyphron. Ja, so meine ich es.
Sokrates. Verfolgt nun nicht jede Pflege dasselbe Ziel? Wählen wir folgendes Beispiel: zu etwas Gutem und zum Nutzen dessen, der gepflegt wird, ist sie da, wie du doch siehst, daß die Pferde, mit Mitteln der Pferdezucht gepflegt, Nutzen davon haben und besser werden; oder ist es nach deiner Meinung bei ihnen nicht so?
Euthyphron. Doch.
Sokrates. Und die Hunde mit Hilfe der Jägerei und die Rinder mit Hilfe der Rinderzucht und alles übrige in ebendieser Weise; [c] oder glaubst du, die Pflege gereiche dem zum Schaden, dem sie zuteil wird?
Euthyphron. Beim Zeus, ich keineswegs.
Sokrates. Also zum Nutzen?
Euthyphron. Wie sollte es anders sein?
Sokrates. Und wenn nun also die Frömmigkeit Pflege der Götter ist, bedeutet sie dann etwa auch einen Nutzen für die Götter und macht die Götter besser? Und könntest du auch zugestehen, daß du einen der Götter besser machst, wenn du etwas Frommes tust?
Euthyphron. Beim Zeus, keinesfalls.
Sokrates. Auch ich glaube nämlich nicht, Euthyphron, daß du dieses meinst – davon bin ich weit entfernt; ebendeshalb also fragte ich auch danach, was du denn Pflege der Götter nennst, [d] da ich nicht glaubte, daß du von einer solchen sprichst.
Euthyphron. Ganz richtig, Sokrates; denn von einer solchen spreche ich nicht.
Sokrates. Gut! Aber welche Pflege der Götter dürfte denn nun die Frömmigkeit sein?
Euthyphron. Eine solche, Sokrates, wie sie die Sklaven ihren Herren angedeihen lassen.
Sokrates. Ich verstehe; es dürfte sich, wie es scheint, um einen Dienst für Götter handeln.

ΕΥΘ. Πάνυ μὲν οὖν.
ΣΩ. Ἔχοις ἂν οὖν εἰπεῖν ἡ ἰατροῖς ὑπηρετικὴ εἰς τίνος ἔργου ἀπεργασίαν τυγχάνει οὖσα ὑπηρετική; οὐκ εἰς ὑγιείας οἴει;
ΕΥΘ. Ἔγωγε.
[e] ΣΩ. Τί δὲ ἡ ναυπηγοῖς ὑπηρετική; εἰς τίνος ἔργου ἀπεργασίαν ὑπηρετική ἐστιν;
ΕΥΘ. Δῆλον ὅτι, ὦ Σώκρατες, εἰς πλοίου.
ΣΩ. Καὶ ἡ οἰκοδόμοις γέ που εἰς οἰκίας;
ΕΥΘ. Ναί.
ΣΩ. Εἰπὲ δή, ὦ ἄριστε· ἡ δὲ θεοῖς ὑπηρετικὴ εἰς τίνος ἔργου ἀπεργασίαν ὑπηρετικὴ ἂν εἴη; δῆλον γὰρ ὅτι σὺ οἶσθα, ἐπειδήπερ τά γε θεῖα κάλλιστα φῂς εἰδέναι ἀνθρώπων.
ΕΥΘ. Καὶ ἀληθῆ γε λέγω, ὦ Σώκρατες.
ΣΩ. Εἰπὲ δὴ πρὸς Διὸς τί ποτέ ἐστιν ἐκεῖνο τὸ πάγκαλον ἔργον ὃ οἱ θεοὶ ἀπεργάζονται ἡμῖν ὑπηρέταις χρώμενοι;
ΕΥΘ. Πολλὰ καὶ καλά, ὦ Σώκρατες.
[14] ΣΩ. Καὶ γὰρ οἱ στρατηγοί, ὦ φίλε· ἀλλ' ὅμως τὸ κεφάλαιον αὐτῶν ῥᾳδίως ἂν εἴποις, ὅτι νίκην ἐν τῷ πολέμῳ ἀπεργάζονται· ἢ οὔ;
ΕΥΘ. Πῶς δ' οὔ;
ΣΩ. Πολλὰ δέ γ', οἶμαι, καὶ καλὰ καὶ οἱ γεωργοί· ἀλλ' ὅμως τὸ κεφάλαιον αὐτῶν ἐστιν τῆς ἀπεργασίας ἡ ἐκ τῆς γῆς τροφή.
ΕΥΘ. Πάνυ γε.
ΣΩ. Τί δὲ δὴ τῶν πολλῶν καὶ καλῶν ἃ οἱ θεοὶ ἀπεργάζονται; τί τὸ κεφάλαιόν ἐστι τῆς ἐργασίας;
ΕΥΘ. Καὶ ὀλίγον σοι πρότερον εἶπον, ὦ Σώκρατες, ὅτι πλείονος ἔργου ἐστὶν ἀκριβῶς πάντα ταῦτα ὡς ἔχει μαθεῖν·

Euthyphron. Ganz gewiß.
Sokrates. Könntest du nun sagen, welches erfolgreiche Wirken der Dienst bei Ärzten zufällig bezweckt? Meinst du nicht die Herstellung der Gesundheit?
Euthyphron. Gewiß.
[e] *Sokrates.* Wie aber verhält sich das mit dem Dienst bei Schiffsbaumeistern? Welches erfolgreiche Wirken bezweckt er?
Euthyphron. Natürlich, Sokrates, die Fertigung eines Schiffes.
Sokrates. Und der Dienst bei Baumeistern doch wohl die Fertigstellung eines Hauses?
Euthyphron. Ja.
Sokrates. So sage mir doch, mein Bester, welches erfolgreiche Wirken dürfte denn der Dienst bei Göttern bezwecken? Natürlich weißt du das, da du doch von dir behauptest, dich in den göttlichen Dingen am besten unter den Menschen auszukennen.
Euthyphron. Und damit sage ich Zutreffendes, Sokrates.
Sokrates. Sage also beim Zeus, was hat es denn mit jenem ganz vorzüglichen Werk auf sich, das die Götter schaffen, indem sie uns als Diener gebrauchen?
Euthyphron. Vieles Schöne schaffen sie, Sokrates.
[14] *Sokrates.* Das besagt nicht viel, denn das vollbringen auch die Strategen, mein Lieber; und dennoch könntest du mir leicht das Wesentliche davon angeben, daß sie nämlich den Sieg im Krieg herbeiführen; oder nicht?
Euthyphron. Selbstverständlich.
Sokrates. Vieles Schöne, glaube ich, bringen auch die Bauern hervor; und doch liegt die Hauptsache ihres Schaffens in der Gewinnung von Nahrung aus dem Boden.
Euthyphron. Gewiß.
Sokrates. Was also gehört zu dem vielen Schönen, das die Götter schaffen? Was ist das Wesentliche dieses Schaffens?
Euthyphron. Schon kurz zuvor, Sokrates, sagte ich dir, es sei zu schwierig, genau zu erfassen, wie sich dieses alles verhält;

[b] τόδε μέντοι σοι ἁπλῶς λέγω, ὅτι ἐὰν μὲν κεχαρισμένα τις ἐπίστηται τοῖς θεοῖς λέγειν τε καὶ πράττειν εὐχόμενός τε καὶ θύων, ταῦτ᾽ ἔστι τὰ ὅσια, καὶ σῴζει τὰ τοιαῦτα τούς τε ἰδίους οἴκους καὶ τὰ κοινὰ τῶν πόλεων · τὰ δ᾽ ἐναντία τῶν κεχαρισμένων ἀσεβῆ, ἃ δὴ καὶ ἀνατρέπει ἅπαντα καὶ ἀπόλλυσιν.

ΣΩ. Ἦ πολύ μοι διὰ βραχυτέρων, ὦ Εὐθύφρων, εἰ ἐβούλου, εἶπες ἂν τὸ κεφάλαιον ὧν ἠρώτων · ἀλλὰ γὰρ οὐ πρόθυμός με εἶ διδάξαι – δῆλος εἶ. [c] καὶ γὰρ νῦν ἐπειδὴ ἐπ᾽ αὐτῷ ἦσθα ἀπετράπου, ὃ εἰ ἀπεκρίνω, ἱκανῶς ἂν ἤδη παρὰ σοῦ τὴν ὁσιότητα ἐμεμαθήκη. νῦν δὲ – ἀνάγκη γὰρ τὸν ἐρῶντα τῷ ἐρωμένῳ ἀκολουθεῖν ὅπῃ ἂν ἐκεῖνος ὑπάγῃ –, τί δὴ αὖ λέγεις τὸ ὅσιον εἶναι καὶ τὴν ὁσιότητα; οὐχὶ ἐπιστήμην τινὰ τοῦ θύειν τε καὶ εὔχεσθαι;

ΕΥΘ. Ἔγωγε.

ΣΩ. Οὐκοῦν τὸ θύειν δωρεῖσθαί ἐστι τοῖς θεοῖς, τὸ δ᾽ εὔχεσθαι αἰτεῖν τοὺς θεούς;

ΕΥΘ. Καὶ μάλα, ὦ Σώκρατες.

[d] ΣΩ. Ἐπιστήμη ἄρα αἰτήσεως καὶ δόσεως θεοῖς ὁσιότης ἂν εἴη ἐκ τούτου τοῦ λόγου.

ΕΥΘ. Πάνυ καλῶς, ὦ Σώκρατες, συνῆκας ὃ εἶπον.

ΣΩ. Ἐπιθυμητὴς γάρ εἰμι, ὦ φίλε, τῆς σῆς σοφίας καὶ προσέχω τὸν νοῦν αὐτῇ, ὥστε οὐ χαμαὶ πεσεῖται ὅτι ἂν εἴπῃς. ἀλλά μοι λέξον τίς αὕτη ἡ ὑπηρεσία ἐστὶ τοῖς θεοῖς; αἰτεῖν τε φῂς αὐτοὺς καὶ διδόναι ἐκείνοις;

ΕΥΘ. Ἔγωγε.

[b] das freilich sage ich dir geradeheraus: wenn jemand im Gebet und durch Opfer zu sagen und zu tun versteht, was den Göttern wohlgefällig ist, so ist dieses das Fromme, und ein solches Tun schützt die eigenen Häuser einzelner und die staatlichen Gemeinschaften; das Gegenteil aber von dem, was wohlgefällig ist, ist das Gottlose, das natürlich alles umkehrt und vernichtet.

Sokrates. Viel kürzer fürwahr, Euthyphron, hättest du mir, wenn du willens wärest, das Wesentliche von dem angeben können, wonach ich wiederholt fragte; jedoch, du bist nicht bereit, mich zu belehren – das ist bei dir offenbar geworden. [c] Denn auch jetzt, da du doch so nahe am Kern der Sache warst, bogst du wieder ab; wenn du mir da eine Antwort gegeben hättest, wäre ich bereits hinreichend von dir hinsichtlich der Frömmigkeit belehrt gewesen. Jetzt aber – denn der Fragende muß ja dem Befragten folgen, wohin dieser ihn geschickt führt – erneut: Was also ist nach deiner Meinung das Fromme und die Frömmigkeit? Nicht ein Sichverstehen auf Opfern und Beten?

Euthyphron. Das meine ich.

Sokrates. Das Opfern besteht doch wohl darin, die Götter zu beschenken, das Beten aber darin, an die Götter Bitten zu richten?

Euthyphron. Gewiß, Sokrates.

[d] *Sokrates.* Ein Sichverstehen also auf Bitten und Geben an Götter dürfte nach dieser deiner Behauptung Frömmigkeit sein.

Euthyphron. Sehr gut, Sokrates, hast du verstanden, was ich meinte.

Sokrates. Verständlich, denn ich bin begierig nach deiner Weisheit, mein Lieber, und richte meine Gedanken auf sie, so daß nichts von dem, was du auch sagst, auf den Boden fallen wird. Jedoch erkläre mir: Was hat es mit diesem Dienst gegenüber den Göttern auf sich? Du sagst doch, man bitte sie und gebe ihnen?

Euthyphron. Sehr wohl.

ΣΩ. Ἆρ' οὖν οὐ τό γε ὀρθῶς αἰτεῖν ἂν εἴη ὧν δεόμεθα παρ' ἐκείνων, ταῦτα αὐτοὺς αἰτεῖν;
ΕΥΘ. Ἀλλὰ τί;
[e] ΣΩ. Καὶ αὖ τὸ διδόναι ὀρθῶς, ὧν ἐκεῖνοι τυγχάνουσιν δεόμενοι παρ' ἡμῶν, ταῦτα ἐκείνοις αὖ ἀντιδωρεῖσθαι; οὐ γάρ που τεχνικόν γ' ἂν εἴη δωροφορεῖν διδόντα τῳ ταῦτα ὧν οὐδὲν δεῖται.
ΕΥΘ. Ἀληθῆ λέγεις, ὦ Σώκρατες.
ΣΩ. Ἐμπορικὴ ἄρα τις ἂν εἴη, ὦ Εὐθύφρων, τέχνη ἡ ὁσιότης θεοῖς καὶ ἀνθρώποις παρ' ἀλλήλων.
ΕΥΘ. Ἐμπορική, εἰ οὕτως ἥδιόν σοι ὀνομάζειν.
ΣΩ. Ἀλλ' οὐδὲν ἥδιον ἔμοιγε, εἰ μὴ τυγχάνει ἀληθὲς ὄν. φράσον δέ μοι, τίς ἡ ὠφελία τοῖς θεοῖς τυγχάνει οὖσα ἀπὸ τῶν δώρων ὧν παρ' ἡμῶν λαμβάνουσιν; ἃ μὲν γὰρ διδόασι παντὶ δῆλον· [15] οὐδὲν γὰρ ἡμῖν ἐστιν ἀγαθὸν ὅτι ἂν μὴ ἐκεῖνοι δῶσιν. ἃ δὲ παρ' ἡμῶν λαμβάνουσιν, τί ὠφελοῦνται; ἢ τοσοῦτον αὐτῶν πλεονεκτοῦμεν κατὰ τὴν ἐμπορίαν, ὥστε πάντα τὰ ἀγαθὰ παρ' αὐτῶν λαμβάνομεν, ἐκεῖνοι δὲ παρ' ἡμῶν οὐδέν;
ΕΥΘ. Ἀλλ' οἴει, ὦ Σώκρατες, τοὺς θεοὺς ὠφελεῖσθαι ἀπὸ τούτων ἃ παρ' ἡμῶν λαμβάνουσιν;
ΣΩ. Ἀλλὰ τί δήποτ' ἂν εἴη ταῦτα, ὦ Εὐθύφρων, τὰ παρ' ἡμῶν δῶρα τοῖς θεοῖς;
ΕΥΘ. Τί δ' οἴει ἄλλο ἢ τιμή τε καὶ γέρα καί, ὅπερ ἐγὼ ἄρτι ἔλεγον, χάρις;
[b] ΣΩ. Κεχαρισμένον ἄρα ἐστίν, ὦ Εὐθύφρων, τὸ ὅσιον, ἀλλ' οὐχὶ ὠφέλιμον οὐδὲ φίλον τοῖς θεοῖς;
ΕΥΘ. Οἶμαι ἔγωγε πάντων γε μάλιστα φίλον.

Sokrates. Das richtige Bitten dürfte doch wohl darin bestehen, daß wir sie um das bitten, was wir von ihnen benötigen?

Euthyphron. Um was denn sonst?

[e] *Sokrates.* Und das richtige Geben wiederum wohl darin, daß wir ihnen unsererseits das zum Gegengeschenk machen, was jene vielleicht von unserer Seite benötigen? Denn es dürfte doch nicht vernünftig sein, daß der, der gibt, jemandem das zum Geschenk macht, was dieser überhaupt nicht nötig hat.

Euthyphron. Darin hast du recht, Sokrates.

Sokrates. Eine Art Handelsfertigkeit also, Euthyphron, zwischen Göttern und Menschen, beruhend auf Gegenseitigkeit, dürfte damit die Frömmigkeit sein.

Euthyphron. Ja, eine Handelsfertigkeit, wenn es dir lieber ist, sie so zu benennen.

Sokrates. Mir ist eine solche Benennung in keiner Weise lieber, wenn sie nicht auch zufällig wahr ist. Mache mir aber deutlich, welcher Nutzen sich vielleicht für die Götter aufgrund der Gaben ergibt, die sie von uns bekommen. Denn was *sie* geben, ist für jedermann klar; [15] *wir* nämlich haben kein einziges Gut, das sie nicht zuteilten. Welchen Nutzen aber haben sie von dem, was *sie* von *uns* bekommen? Oder haben wir bei dem Handel so viel vor ihnen voraus, daß wir von ihnen alles Gute empfangen, sie aber von uns nichts?

Euthyphron. Aber glaubst du denn, Sokrates, die Götter zögen Nutzen aus dem, was sie von uns empfangen?

Sokrates. Worin dürften denn eigentlich, Euthyphron, diese von uns den Göttern dargebrachten Gaben bestehen?

Euthyphron. Worin sonst – glaubst du – als in Ehrenbezeigung, in Ehrengaben und, wie ich eben sagte, in Dankbezeigung?

[b] *Sokrates.* Wohlgefällig also für die Götter, Euthyphron, ist das Fromme, jedoch nicht etwa nützlich oder lieb?

Euthyphron. Ich für meine Person glaube, vor allem anderen ist es ihnen besonders lieb.

ΣΩ. Τοῦτο ἄρ' ἐστὶν αὖ, ὡς ἔοικε, τὸ ὅσιον, τὸ τοῖς θεοῖς φίλον.

ΕΥΘ. Μάλιστά γε.

ΣΩ. Θαυμάσῃ οὖν ταῦτα λέγων ἐάν σοι οἱ λόγοι φαίνωνται μὴ μένοντες ἀλλὰ βαδίζοντες, καὶ ἐμὲ αἰτιάσῃ τὸν Δαίδαλον βαδίζοντας αὐτοὺς ποιεῖν, αὐτὸς ὢν πολύ γε τεχνικώτερος τοῦ Δαιδάλου καὶ κύκλῳ περιιόντα ποιῶν; ἢ οὐκ αἰσθάνῃ ὅτι ὁ λόγος ἡμῖν περιελθὼν πάλιν εἰς ταὐτὸν ἥκει; [c] μέμνησαι γάρ που ὅτι ἐν τῷ πρόσθεν τό τε ὅσιον καὶ τὸ θεοφιλὲς οὐ ταὐτὸν ἡμῖν ἐφάνη ἀλλ' ἕτερα ἀλλήλων· ἢ οὐ μέμνησαι;

ΕΥΘ. Ἔγωγε.

ΣΩ. Νῦν οὖν οὐκ ἐννοεῖς ὅτι τὸ τοῖς θεοῖς φίλον φῂς ὅσιον εἶναι; τοῦτο δ' ἄλλο τι ἢ θεοφιλὲς γίγνεται; ἢ οὔ;

ΕΥΘ. Πάνυ γε.

ΣΩ. Οὐκοῦν ἢ ἄρτι οὐ καλῶς ὡμολογοῦμεν, ἢ εἰ τότε καλῶς, νῦν οὐκ ὀρθῶς τιθέμεθα.

ΕΥΘ. Ἔοικεν.

ΣΩ. Ἐξ ἀρχῆς ἄρα ἡμῖν πάλιν σκεπτέον τί ἐστι τὸ ὅσιον, ὡς ἐγὼ πρὶν ἂν μάθω ἑκὼν εἶναι οὐκ ἀποδειλιάσω. [d] ἀλλὰ μή με ἀτιμάσῃς ἀλλὰ παντὶ τρόπῳ προσσχὼν τὸν νοῦν ὅτι μάλιστα νῦν εἰπὲ τὴν ἀλήθειαν· οἶσθα γὰρ εἴπερ τις ἄλλος ἀνθρώπων, καὶ οὐκ ἀφετέος εἶ ὥσπερ ὁ Πρωτεὺς πρὶν ἂν εἴπῃς. εἰ γὰρ μὴ ᾔδησθα σαφῶς τό τε ὅσιον καὶ τὸ ἀνόσιον, οὐκ ἔστιν ὅπως ἄν ποτε ἐπεχείρησας ὑπὲρ ἀνδρὸς θητὸς ἄνδρα πρεσβύτην πατέρα διωκάθειν φόνου, ἀλλὰ καὶ

Sokrates. Dann also ist, wie es scheint, das Fromme das, was den Göttern lieb ist.
Euthyphron. Ja, in höchstem Maße.
Sokrates. Und da willst du dich, indem du dieses behauptest, noch wundern, wenn dir die Behauptungen offensichtlich nicht an Ort und Stelle bleiben, sondern sich fortbewegen; und willst mich beschuldigen, ich, der Daidalos, bringe sie in Bewegung, während du selbst doch viel geschickter bist als Daidalos und Dinge fertigst, die sich im Kreise drehen? Oder merkst du nicht, daß das Gespräch sich uns im Kreise gedreht hat und wieder an denselben Punkt gelangt ist? [c] Denn du hast doch noch im Gedächtnis, daß uns in dem Gespräch zuvor das Fromme und das von Göttern Geliebte nicht als dasselbe erschien, sondern als verschieden voneinander; oder hast du das nicht mehr im Gedächtnis?
Euthyphron. Doch.
Sokrates. Und jetzt merkst du nun nicht, daß du behauptest, das, was den Göttern lieb ist, sei fromm? Das aber – so ist es doch – stellt sich als das Gottgefällige heraus? Oder nicht?
Euthyphron. Freilich.
Sokrates. Also waren wir uns entweder eben nicht zu Recht einig oder, wenn wir damals eine richtige Behauptung aufstellten, stellen wir jetzt eine unrichtige auf.
Euthyphron. Es scheint so.
Sokrates. Von Anfang an also müssen wir erneut prüfen, was das Fromme ist; denn ich werde freiwillig so lange nicht locker lassen, bis ich es erfahren habe. [d] Du jedoch, achte mich nicht gering, sondern strenge in jeder Weise deinen Verstand an und sage mir jetzt endlich – soweit nur möglich – die Wahrheit; denn, wenn überhaupt irgendein anderer unter den Menschen, so kennst du sie, nur darf man dich wie Proteus[20] nicht loslassen, bevor du sie ausgesprochen hast. Denn wenn du über das Fromme und über das Unfromme nicht genau Bescheid wüßtest, hättest du es keinesfalls unternehmen können, im Interesse eines Tagelöhners deinen greisen Vater wegen Mordes zu verfolgen, sondern hättest dich vor

τοὺς θεοὺς ἂν ἔδεισας παρακινδυνεύειν μὴ οὐκ ὀρθῶς αὐτὸ ποιήσοις, καὶ τοὺς ἀνθρώπους ᾐσχύνθης· νῦν δὲ εὖ οἶδα ὅτι σαφῶς οἴει εἰδέναι τό τε ὅσιον καὶ μή. [e] εἰπὲ οὖν, ὦ βέλτιστε Εὐθύφρων, καὶ μὴ ἀποκρύψῃ ὅτι αὐτὸ ἡγῇ.

ΕΥΘ. Εἰς αὖθις τοίνυν, ὦ Σώκρατες· νῦν γὰρ σπεύδω ποι, καί μοι ὥρα ἀπιέναι.

ΣΩ. Οἷα ποιεῖς, ὦ ἑταῖρε. ἀπ' ἐλπίδος με καταβαλὼν μεγάλης ἀπέρχῃ ἣν εἶχον, ὡς παρὰ σοῦ μαθὼν τά τε ὅσια καὶ δὴ καὶ τῆς πρὸς Μέλητον γραφῆς ἀπαλλάξομαι, ἐνδειξάμενος ἐκείνῳ ὅτι σοφὸς ἤδη παρ' Εὐθύφρονος τὰ θεῖα γέγονα [16] καὶ ὅτι οὐκέτι ὑπ' ἀγνοίας αὐτοσχεδιάζω οὐδὲ καινοτομῶ περὶ αὐτά, καὶ δὴ καὶ τὸν ἄλλον βίον ὅτι ἄμεινον βιωσοίμην.

den Göttern geängstigt und Gefahr zu laufen befürchtet, du könntest das nicht richtig machen, und hättest dich auch vor den Menschen geschämt. Jetzt aber weiß ich sehr wohl, daß du fest daran glaubst, das Fromme und das Nichtfromme zu kennen. [e] Sprich also, bester Euthyphron, und verbirg nicht, wofür du es hältst.

Euthyphron. Ein andermal gern, Sokrates; denn jetzt habe ich es eilig, irgendwohin zu kommen, und es ist hohe Zeit, daß ich mich entferne.

Sokrates. Was tust du da, mein Freund! Du machst dich davon und bringst mich damit um eine große Hoffnung, die ich hatte, daß ich nämlich von dir erführe, was fromm und was nicht fromm ist, und vor allem von der Gerichtssache mit Meletos freikäme; ich hätte ihm nämlich dann kundgetan, daß ich mit Hilfe eines Euthyphron in den göttlichen Dingen ein Weiser geworden sei, [16] daß ich nicht mehr aus Unverstand leichtfertig darüber urteilte und in diesem Bereich auch keine Neuerungen erstrebte, ganz besonders aber, daß ich mein weiteres Leben besser führen werde.

Anmerkungen

1 Zu ergänzen: λόγος oder διάλογος; πειραστικός: zum Versuchen gehörig / der Untersuchung dienend. – Dieser Untertitel stammt nach der Ansicht O. Gigons (Einleitung zu der Übersetzung R. Rufeners S. 8) vielleicht schon von Platon selbst, gewiß aber bereits von dem am Hofe des Kaisers Tiberius (14–31 n. Chr.) tätigen Grammatiker und Astronomen Thrasyllos, der eine – keineswegs erstmalige – nach Tetralogien geordnete Gesamtausgabe der Werke Platons besorgte. Er weist den *Euthyphron* (benannt ist der Dialog nach einem in Athen bekannten Weissager: μάντις) – neben dem *Laches*, dem *Lysis* und anderen – als ein Werk aus, in dem »untersucht«, eine begriffliche Definition »versucht« wird. – Die Unterteilung des Textes erfolgt wie üblich gemäß der Ausgabe von H. Stephanus (Paris 1578) nach Seiten und Buchstaben (2b ff.).

2 Das Lykeion war ein dem 'Απόλλων Λύκειος geweihter, außerhalb Athens gelegener Hain. Es diente Sokrates häufig als Platz für Gespräche (vgl. Platons *Lysis*, *Symposion* u. a.) und war für Aristoteles Universitätsbereich.

3 Die (Säulen-)Halle des Archon Basileus (»des Königs«), dem die sakralen Aufgaben des patriarchalischen Königs und die Verfolgung jeder Verletzung eines öffentlichen Interesses, so aller Klagen auf Mord sowie auf den mit der Todesstrafe belegten Religionsfrevel (so lautete auch die Anklage gegen Sokrates) oblagen, befand sich am Nordwestrand der Agora (Markt) beim Staatsfriedhof Kerameikos.

4 Meletos war Hauptankläger des Sokrates (vgl. auch Platons *Apologie* 23e und *Theaitetos* 210d), als Nebenkläger traten Anytos und Lykon auf. – Der Demos (Verwaltungsbezirk) Pitthis, aus dem Meletos stammte, gehörte zu der athenischen Phyle Kekropis.

5 Das Adjektiv ἐπίγρυπος – von Platon sonst nur von Tieren gebraucht – soll Meletos als »unerträglich, widerwärtig« kennzeichnen.

6 Seit frühester Zeit war der Herd Mittelpunkt des Hauses (Megaron) und der Familie. Im Prytaneion (»Stadthaus« auf der Nordseite der Akropolis; Amtssitz der Regierung) gab es eine κοινὴ ἑστία τῆς πόλεως (»Staatsherd«) mit dem stetig lodernden Feuer. »Etwas vom Herd her beginnen« bedeutet daher: »etwas vom Mittelpunkt, von der Wurzel, von der Grundlage her beginnen«.

7 Die Sophisten belehrten andere gegen Bezahlung. Sokrates setzte sich von ihnen deutlich ab; er lehrte, wie er bekundete, aus Verpflichtung und Liebe gegenüber dem Menschen.

8 Wahrscheinlich schon seit der auf Drakon (624 v. Chr.) zurückgeführten Mordprozeßordnung, in der – für die weitere Entwicklung bestimmend – religiöse Gesichtspunkte (z. B. Befleckung des Täters: μίασμα) wichtig waren, unterschied man im attischen Strafrecht zwischen einem φόνος δίκαιος, einem φόνος ἐκ προνοίας und einem φόνος ἀκούσιος. Der letzte Fall ist hier gegeben. Als Privatkläger konnte, ja mußte in einem Zeitraum von längstens fünf Jahren ein Verwandter des Ermordeten – also nicht Euthyphron! – auftreten.

9 Auf Naxos waren seit 453 v. Chr. Kolonisten aus Attika tätig. Die Kolonisationsarbeit mußte nach der Schlacht von Aigospotamoi (405 v. Chr.; Peloponnesischer Krieg) eingestellt werden.

10 Der »Ausleger des Rechts« in Athen war zuständig für Fragen des Kults und des Ritus; ihm oblag auch die Entscheidung bei dem Verbrechen des Totschlags. Diese Aufgabe war eine kultische, keine politische.

11 Nach attischem Recht war es möglich, in einem Rechtsstreit durch ein außergerichtliches Verfahren zu einer Einigung (διάλυσις) zu kommen. Der Prozeß selbst nahm damit seinen Anfang, daß dem Beklagten persönlich vor

Zeugen (κλητῆρες) eine Vorladung (πρόκλησις) zugestellt wurde.

12 Die bei dem Epiker Hesiodos (um 700 v. Chr.) überlieferten Mythen (*Theogonie* 154 ff.; 713 ff.) beinhalten folgende Einzelheiten: Uranos, Vater des Kronos, wurde durch seinen von Mutter Gaia verleiteten Sohn mit Hilfe einer Sichel der Männlichkeit beraubt, weil er seine Söhne in Fesseln geschlagen bzw. in die Erde zurückgeworfen hatte. Kronos seinerseits mußte nach einer Prophetie fürchten, von einem seiner Söhne überwältigt zu werden. Daher verschlang er alle Kinder gleich, nachdem sie geboren waren. Der neugeborene Sohn Zeus aber wurde von Rhea gegen einen Stein ausgetauscht, der Kronos von der Mutter übergeben wurde. Zeus wuchs in einer Höhle auf Kreta auf, er täuschte den Vater durch ein ihm von Metis (Göttin der Einsicht, des Verstandes) zugespieltes Zaubermittel. Kronos wurde schließlich gefesselt und gezwungen, die Kinder wieder auszuspeien, die er vorher verschlungen hatte.

13 Die »Großen Panathenaia« (zu unterscheiden von den weniger bedeutsamen, jährlich stattfindenden und zwei Tage dauernden »Kleinen Panathenaia«) feierten die Athener seit alter Zeit vier Tage hindurch jeweils im Juli alle vier Jahre in jedem 3. olympischen Jahr als Erinnerungsfest an die Gründung der Stadt. Bei diesem Fest kamen u. a. die Homerischen Epen zum Vortrag. Höhepunkt des Festes war die am Fries des Parthenon künstlerisch gestaltete, feierliche Prozession zur Akropolis, die am letzten Festtage stattfand. Dabei wurde das von jungen Athenerinnen (ἐργαστῖναι) neu gewebte, mit Darstellungen von den Gaben Athenes an *ihre* Stadt sowie Szenen aus den Kämpfen gegen und den Sieg der olympischen Götter über die Giganten geschmückte, für die Holzstatue der Athene bestimmte Gewand (πέπλος) am Mast eines Schiffswagens mitgeführt und auf der Burg dem Priester der Athena Polias übergeben.

14 Nach dem Mythos (so bei Homer) wurde Hephaistos lahm geboren. Darüber entsetzt, warf die Mutter Hera den Neugeborenen in den Okeanos. Die Errettung aus den Fluten erfolgte durch Eurynome und Thetis. Hephaistos sann auf Rache und fertigte für Hera einen goldenen, mit unsichtbaren Fesseln ausgestatteten Thronsessel an. Hera setzte sich darauf und kam nicht mehr los. Durch Dionysos ließ sich Hephaistos versöhnen; er löste die Mutter aus den Fesseln.

15 Die quaestio iuris (»Unrecht ist zu bestrafen«) bleibt unwidersprochen, die quaestio facti (»wer wann was im Einzelfall getan hat«) dagegen strittig.

16 Nach Aristoteles (*Metaphysik* 1078) dürfen die induktive Beweisführung und die begriffliche Bestimmung des Allgemeinen – Entdeckungen, die das Grundsätzliche der Wissenschaft angehen – auf Sokrates zurückgeführt werden.

17 Wenn Daidalos als Ahnherr bezeichnet wird, so ist daran zu erinnern, daß auch Sophroniskos, der Vater des Sokrates, Bildhauer war. Daidalos soll nicht nur die ältesten Statuen überhaupt gestaltet, sondern diesen eine solche Lebendigkeit (Überwindung der Steifheit, Darstellung mit erhobenen Armen und mit geöffnetem Mund) gegeben haben, daß die Menschen seiner – der archaischen – Zeit von ihnen sagten, sie liefen davon, wenn man sie nicht festbinde (vgl. Platon, *Menon* 97d; Aristoteles, *Politik* 1253b).

18 Tantalos war bekannt durch seinen Reichtum. Bekannter ist sein schreckliches Schicksal in der Unterwelt: er hatte Geheimnisse der Götter verraten und wurde deshalb mit ewigen Qualen – mit Hunger, Durst und mit der Sorge, von einem Felsen erschlagen zu werden – bestraft. Daher ist bei χρήματα vielleicht auch an erfrischendes Wasser und labende Früchte zu denken, die für Tantalos in seinen Qualen »Reichtümer« sein mußten.

19 Die umständliche, unbestimmte Darlegung soll wohl

deutlich machen, daß der Dichter der Verse unbekannt ist. Von einem antiken Erklärer (Scholiasten) des Textes werden die Verse auf die – fragmentarisch erhaltenen – Kyprien (Kinkel, Fr. 20) zurückgeführt. Die Kyprien (8./7. Jh. v. Chr.) beinhalten die Vorgeschichte der Ilias (u. a.: Hochzeit des Peleus und der Thetis, Parisurteil, Entführung der Helena).

20 Nach Homer (*Odyssee* 4,382 ff.; 4,456–458) bittet der auf der Heimfahrt von Troja befindliche, nach Ägypten verschlagene König Menelaos auf der Insel Pharos den Meergreis Proteus, ihm durch eine Weissagung über die weitere Fahrt Gewißheit zu geben. Proteus aber entzieht sich ihm, indem er immer erneut seine Gestalt ändert. Erst nach hartem Kampf gewinnt Menelaos die Oberhand über Proteus und erzwingt die Prophetie.

Literaturhinweise

Text

Dem griechischen Text liegt die Edition von J. Burnet zugrunde: Plato's Euthyphro. Apology of Socrates and Crito. Oxford 1924. Herangezogen wurden ferner die Ausgaben von:

K. F. Hermann: Platons Euthyphron. Leipzig 1852.
M. Wohlrab: Platons Euthyphron. Leipzig 1880.
M. Schanz: Sammlung ausgewählter Dialoge Platons [mit Komm.]. Leipzig 1887.
A. Croiset: Platon. Euthyphron [Gesamtausg. Bd. 1]. Paris 1922.
K. Reich: Platon. Euthyphron. Hamburg 1968 [mit Übers.].
U. Frings: Platon. Euthyphron [und Texte zur Religionskritik]. Münster 1976 [mit Komm.].
H. Hofmann: Platon. Euthyphron und andere Dialoge Platons [Text und Übersetzung]. Darmstadt 1977.

Übersetzung

Es wurden eingesehen:

W. F. Otto / E. Grassi / G. Plamböck [nach F. Schleiermacher und H. Müller]. Hamburg 1957.
G. Schneider / B. v. Hagen. Leipzig 1918.
E. Salin. Basel 1950.
K. Reich. Hamburg 1968.
R. Rufener. Zürich/Stuttgart 1960.

Sekundärliteratur

H. v. Arnim: Platons Jugenddialoge und die Entstehungszeit des Phaidros. Leipzig 1915.
W. Boder: Die sokratische Ironie in den platonischen Frühdialogen. Amsterdam 1973.

W. Bröcker: Platos Gespräche. Frankfurt a. M. 1964.
W. Burnickel: Plädoyer für einen vergessenen Platondialog. In: Altsprachlicher Unterricht 1 (1976) S. 20 ff.
J.-Y. Chateau: Philosophie et religion. [Übers. und Komm.]. Platon, Euthyphron. Paris 2005.
J. Dalfen: Die philosophische Aussage der künstlerischen Gestaltung platonischer Dialoge. München 1974.
W. Detel: Bemerkungen zum Einleitungsteil einiger platonischer Frühdialoge. In: Gymnasium 82 (1975) S. 308 ff.
Th. Ebert: Meinung und Wissen in der Philosophie Platons. Berlin 1974.
H. Erbse: Über Platons Methode in den sogenannten Jugenddialogen. In: Hermes 96 (1968) S. 21 ff.
P. Friedländer: Platon. Bd. 1.2. Berlin 1964.
H. Gauss: Philosophischer Handkommentar zu den Dialogen Platos. T. 1,2: Die Frühdialoge. Bern 1954.
O. Gigon: Sokrates. Bern 1979.
O. Gigon: Einleitung [zur Übers. von R. Rufener]. Zürich/Stuttgart 1960.
Th. Gomperz: Griechische Denker. Bd. 2. Leipzig 1903.
R. Guardini: Der Tod des Sokrates. Hamburg 1956.
H. Gundert: Der platonische Dialog. Heidelberg 1968.
E. Haag: Zu welchem Ende lesen wir heute Platon in der Schule? In: Gymnasium 63 (1956) S. 233 ff.
E. Heitsch: Frömmigkeit als Hilfe. Bemerkungen zum Euthyphron. In: M. van Ackeren (Hrsg.): Platon verstehen. Themen und Perspektiven. Darmstadt 2004. S. 11–21.
W. Jaeger: Paideia. Die Formung des griechischen Menschen. Bd. 1–3. Berlin 1959.
Th. Kobusch / B. Mojsisch: Platon. Seine Dialoge in der Sicht neuer Forschungen. Darmstadt 1996.
W. Kranz: Die griechische Philosophie. Berlin 1962.
H. Kuhn: Sokrates. München 1959.
H. Leisegang: Platon. In: Paulys Realencyclopädie der classischen Altertumswissenschaft. Halbbd. 40. Stuttgart 1950. Sp. 2342 ff.

A. Lesky: Geschichte der griechischen Literatur. Bern 1963.

W. Luther: Zur Methode humanistischer Interpretation philosophischer Texte der Antike. In: Gymnasium 66 (1959) S. 433 ff.

H. Maier: Sokrates. Tübingen/Aalen 1964.

R. Merkelbach (Hrsg.): Platons Euthyphron [Text, Übers. und Komm.]. München 2003.

M. Pohlenz: Aus Platons Werdezeit. Berlin 1913.

P. Stemmer: Platons Dialektik. Die frühen und mittleren Dialoge. Berlin 1992.

J. Stenzel: Literarische Form und philosophischer Gehalt des platonischen Dialogs. Darmstadt 1957.

J. Stenzel: Platon. Der Erzieher. Leipzig 1928.

J. Stenzel: Sokrates. In: Paulys Realencyclopädie der classischen Altertumswissenschaft. R. 2. Halbbd. 5. Stuttgart 1927. Sp. 811 ff.

U. v. Wilamowitz-Moellendorff: Platon. Bd. 1.2. Frankfurt a. M. 1959/62.

D. Wolfsdorf: Euthyphro 10a2 – 11b1. A Study in Platonic Metaphysics and its Reception since 1960. In: Apeiron 38 (2005) S. 1–71.

Nachwort

Sokrates und Platon

Als Sohn des Steinmetzen Sophroniskos und der Hebamme Phainarete wurde Sokrates im Jahre 469 v. Chr. in Athen geboren. Als Verderber der Jugend und gefährlicher Neuerer auf religiösem Gebiet zur Verantwortung gezogen, befand ihn im Jahre 399 v. Chr. ein Kollegium von Richtern, die sich mehr dem Willen der Masse unterworfen als dem Recht verpflichtet fühlten, wegen Asebie (Gotteslästerung) für schuldig. Der Schuldspruch in einem solchen Prozeß hatte nach dem in Athen geltenden Gesetz notwendig die Todesstrafe, die Verbannung oder eine hohe Geldstrafe zur Folge. So wurde Sokrates gezwungen, den Schierlingsbecher zu trinken.

Das Leben des Philosophen und Lehrers Sokrates fällt in die Zeit, in der Athen unter Führung des Perikles eine einzigartige Höhe in politischer, kultureller und geistiger Hinsicht erlebte, in der es aber auch durch das Verhalten von außergewöhnlichen und selbstherrlichen, das Gemeinwohl nicht achtenden Führern wie Alkibiades in der entscheidenden Auseinandersetzung mit Sparta um die Vorherrschaft in Griechenland (Peloponnesischer Krieg 431–404 v. Chr.) schließlich unterlag. Die Gewaltherrschaft der »Dreißig Tyrannen« und die Beseitigung der freiheitlich-demokratischen Ordnung Athens waren die unmittelbare Folge des militärischen Zusammenbruchs.

In einer auf Geltung der eigenen Person bedachten und dem Erfolgsdenken sich zuneigenden Umwelt zog Sokrates die Aufmerksamkeit auf sich, indem er von sich sagte: »Ich weiß, daß ich nichts weiß.« Er wollte damit den Menschen seiner Zeit ihre Begrenztheit deutlich machen und sie aufrufen zu kritischer Prüfung ihrer Urteile und zum Handeln aus sittlicher Verpflichtung heraus. Er weckte zugleich in seinen Mitbürgern die Überzeugung, ihm sei ein höheres Wissen um das

eigen, was für das menschliche Leben gut und richtig sei, und es sei kein leeres Gerede, wenn er von sich behaupte, Menschen bessern zu können. Sokrates machte weite Kreise in Athen um so mehr auf sich aufmerksam, als er vorlebte, wie wenig Hab und Gut für den Menschen bedeute, in wie geringem Maße es auf Ruhm und Erfolg ankomme, wie bedeutsam dagegen die Anerkennung des Guten als letzter sittlicher Größe und die unangetastete Gesundheit der Seele seien.
Eine wichtige Stütze des Ansehens des Sokrates war die Tatsache, daß Chairephon, einer seiner Freunde, vom Orakel in Delphi auf die Frage »Ist ein Mensch weiser als Sokrates?« die Antwort erhalten haben soll: »Sophokles ist weise, weiser ist Euripides, unter allen der weiseste aber ist Sokrates« (nach Platon, *Apologie* 21a lautete der Spruch der Pythia: »Keiner ist weiser als Sokrates«). Dieser menschlichem Zweifel nicht unterworfene Götterspruch trug dazu bei, daß Sokrates in den mit einzelnen und mit vielen geführten Gesprächen eine wissenschaftlich begründete Ethik fordern konnte und sich für berechtigt halten durfte, die Athener und besonders die junge Generation in Athen unablässig und unerbittlich zu mahnen, das Leben nach höchsten Werten auszurichten und, philosophisch reflektierend, den gestellten Lebensaufgaben gerecht zu werden. Andererseits ist verständlich, daß Sokrates durch das ihm eigene, eindringliche *»Ausfragen«* (Elenktik; Platon bildete diese zur Dialektik um) und das unablässige Mahnen bei vielen Athenern aller Schichten und Altersstufen Anstoß erregte. Es mußte schmerzlich sein, in einer privaten oder öffentlichen Unterhaltung in Verlegenheit gebracht zu werden und schließlich eingestehen zu müssen, auch das noch so große eigene Wissen sei letztlich nur ein Scheinwissen. So kritisierte man den Sokrates, und das um so wirkungsvoller, als man darauf verweisen konnte, auch politisch suspekte Männer wie Alkibiades (um 450–404 v. Chr.) und Kritias (um 460–403 v. Chr.) seien Schüler des weisen Mannes. Jener hatte nämlich in der Zeit des Krieges durch eine Machtpolitikern eigene Unbedenklichkeit den Athenern

schwerste Schädigungen zugefügt. Dieser, ein aus dem Adel stammender Onkel Platons, gebrauchte politische Macht rücksichtslos und sah in sittlich-religiöser Bindung nur ein Mittel, den Starken dem Naturgesetz zuwider zu hemmen und den Schwachen zu stützen; als Führer der »Dreißig« war er verhaßt und verfemt.

Hinzu kamen das ungewöhnliche Auftreten des Sokrates in der Öffentlichkeit und seine bis zu dieser Zeit unbekannte Art, philosophische Gespräche in kritischer Weise zu führen. So fiel es leicht, Sokrates vor der Öffentlichkeit zu einem der damals tätigen Weisheitslehrer, ihn zu einem Sophisten zu stempeln und von ihm zu sagen, auch *er* wolle die überkommene Wertordnung beseitigen, das bisher gültige, aristokratische Verständnis von ἀρετή (= Vorzüglichkeit im Sinne von tapferer Bewährung und edler Gesinnung) umformen, die Arete für lehrbar erklären und sie für eine bevorrechtete Stellung im öffentlichen Leben nutzen. Dabei war bekannt, daß Sokrates, auf einen klaren Wertbegriff festgelegt, im Gegensatz zu den aufklärerischen Sophisten ohne Entgelt lehrte, in Gesprächen die Menschen und ihre Art zu leben nicht nur kritisch, sondern auch helfend prüfte, sich gegen die Annahme einer Weltordnung ohne göttliches Einwirken und gegen die Proklamation vom Recht des Stärkeren zur Wehr setzte. Durch alles dieses bestätigte er eigentlich doch den Orakelspruch, im Vergleich zu den Menschen seiner Zeit eine »tiefere Weisheit« zu besitzen.

Über Sokrates lassen sich konkrete Aussagen machen. Ein in sich geschlossenes Bild von seinem Leben und Wirken allerdings ergibt sich nicht. Die Überlieferung beruht im wesentlichen auf den Schriften seines Schülers Platon (427–347 v. Chr.). Die Schriften Xenophons (um 430–355 v. Chr.) bieten manche wertvolle Ergänzung, dringen jedoch gehaltlich weniger tief und sind darstellerisch weniger überzeugend. Bei aller richtigen Erkenntnis von Einzelzügen hatte Xenophon ein zu geringes Gespür für das Eigenständige und die geistige Größe des Sokrates, der auch *sein* Lehrer war. Auch Aristo-

teles (384–322 v. Chr.) berichtet Authentisches über Sokrates, bei ihm aber handelt es sich um gelehrte Rekonstruktion, gestützt auf Quellen.
Platon war der Sproß einer führenden Adelsfamilie Athens; sein Vater war Ariston, seine Mutter die dem solonischen Geschlecht entstammende Periktione, deren Vetter Kritias und deren Bruder Charmides zu den »Dreißig« gehörten. Platon, der es miterlebte, wie die durch seine Herkunft für ihn gültigen Werte und Normen zerstört wurden, lernte als Zwanzigjähriger Sokrates kennen und wurde sein Schüler und Verehrer. Der Justizmord an Sokrates wurde für ihn, der sich – getreu der Familientradition – politisch engagiert, sich aber schon bald enttäuscht aus dem politischen Leben zurückgezogen hatte, das entscheidende Erlebnis. In der Zurückgezogenheit von Megara und auf Reisen, die ihn nach Ägypten, Kyrene, Unteritalien und Sizilien führten, suchte er Ablenkung und Weltbildung zugleich. Die Erkenntnis, allein der »Weise«, wie ihn Sokrates zu vertreten pflegte, wisse um das wahrhaft Gute und Gerechte, nur dieser verbürge eine durch die Freiheit charakterisierte, glückliche Lebensordnung für den Menschen, führte dazu, daß Platon das politische Engagement ganz aufgab und sich als Lehrer der Philosophie und als Erzieher betätigte. Diese Tätigkeit übte er bis zu seinem Tode (348/347 v. Chr.) in der im Jahre 387 v. Chr. im Hain des attischen Heros Akademos gegründeten Akademie aus. Die Ergebnisse seiner Arbeit sind an keine Zeit gebunden; man kann an seinen Gedanken Anstoß nehmen, aufheben lassen sie sich nicht. Durch die Berührung mit verschiedenen Philosophenschulen in Unteritalien erweiterte sich der von Sokrates her bestimmte Gedankenkreis Platons insofern, als er durch sie den Unsterblichkeitsglauben und die Seelenwanderungslehre der Pythagoreer sowie den Mythos der Orphiker kennenlernte und die Bedeutung der Mathematik für die Philosophie erkannte. Bei zwei längeren Aufenthalten am Hofe der Tyrannen Dionysios I. und Dionysios II. von Syrakus versuchte Platon, unterstützt durch sei-

nen mit dem Tyrannenhause verwandten Anhänger Dion, den in der Theorie entwickelten »Staat der Gerechtigkeit« zu verwirklichen. Wie sein Lehrer Sokrates wurde er jedoch als lästiger Neuerer empfunden, als Utopist verketzert und schließlich des Landes verwiesen. Es erfüllte ihn mit tiefem Schmerz, daß Dion bei den letztlich durch seine Gedanken ausgelösten Aktionen den Tod fand.

Die Werke Platons

Das »Sokratische Fragen« nach dem Menschen als Einzelwesen und als Glied der Gemeinschaft ist Grundlage für Platons philosophisches Bemühen. In der Begegnung von Mensch zu Mensch sieht Platon die für ein fruchtbares Philosophieren passendste Form. So nämlich wird es möglich, Eigenart und Denken der Menschen zu erkennen und wirklichkeitsgetreu und anschaulich darzustellen. Das »Sokratische Gespräch« findet sich daher, künstlerisch gestaltet, in den Dialogen Platons wieder. Bei einer vielgestaltigen und auf das Grundsätzliche gerichteten Fragestellung konzentriert sich letztlich alles auf die Frage nach dem »Guten an sich«, nach dem »Wesen des Guten«: Fragen, die sich nur durch die Philosophie beantworten lassen. Dabei kommt es Platon darauf an, möglichst viele Menschen für die Philosophie und damit für das Wahre, das Absolute zu gewinnen, wodurch echte Normen oder Werte, die sich nicht auf etwas anderes zurückführen lassen, für das Leben erreicht werden. Um zu diesem Ziel zu gelangen, bedient er sich bemerkenswerter Hilfen: der »Sokratischen Ironie«, die im Hintergrund den »wahrhaft Wissenden« andeutend erscheinen läßt – in dem hier behandelten Dialog werden der großsprecherische, das »Allwissen« in sophistischer Art beanspruchende Euthyphron und der zurückhaltende, in seinem »Nichtwissen« nicht zu erschütternde Sokrates gegenübergestellt, wobei jener einfach unterliegen muß –, und der »Aporie« am Ende des Gesprächs,

durch die falsche Auffassungen abgebaut werden und selbständiges Überdenken offengebliebener Fragen gesichert wird.
In den Früh- oder Jugenddialogen Platons, die in der Zeit vom Tode des Sokrates (399 v. Chr.) bis zur Gründung der Akademie (387 v. Chr.) entstanden sind, mit denen die »Sokratische Periode« endet, werden wir Zeuge, wie Platon in der Person des Sokrates den festen Halt hat, wie er, gestützt auf diesen Lehrer, Meinungen und Verhaltensweisen der Menschen kritisch prüft, wie er um klare Wertbegriffe (Arete-Dialoge) ringt und so zur Wahrheit hinzuführen bemüht ist. So vollzieht es sich in *Laches*, *Charmides*, *Lysis*, *Ion*, *Hippias*, dem 1. Buch des *Staates* und *Protagoras* sowie in der *Apologie*, in *Euthyphron*, *Kriton*, *Gorgias* und *Menon*. Gigon und Rufener (vgl. Literaturhinweise) setzen *Apologie*, *Euthyphron*, *Kriton*, *Gorgias* und *Menon* als Werke des Aufstiegs bzw. des Werdens von den anderen Frühdialogen etwas ab. Dieser Auffassung kann man folgen; die Ansicht Schleiermachers aber, der *Euthyphron* sei in der Zeit zwischen der Anklage des Sokrates und seiner Verurteilung geschrieben und damit eine »zweite, indirekte Apologie«, darf als widerlegt gelten.
Im *Phaidon*, im *Symposion* und im *Staat*, den Dialogen der mittleren Periode, bietet Platon das Kernstück seiner Philosophie. Hier zeigt sich die auf eigenen Vorstellungen fußende *und* durch Erkenntnisse Platons vertiefte Gestalt des Sokrates, wobei der Schüler den Lehrer mit allen künstlerischen Mitteln vorstellt. In den Spätwerken *(Kratylos, Theaitetos, Phaidros, Sophistes, Politikos, Parmenides, Philebos, Timaios)* und in den *Gesetzen*, die stark nach der Wirklichkeit ausgerichtet sind, tritt Sokrates zwar noch mehr zurück, die von Sokrates gestellte Grundfrage nach dem Wesen des Guten und dessen Verwirklichung unter den Menschen aber bleibt unverändert im Mittelpunkt.

Der Dialog »Euthyphron«

Im *Euthyphron*, den Gigon (vgl. Literaturhinweise) »nicht besonders bedeutend, aber eigentümlich« nennt, der ohne Frage szenisch reich und spannend, von der Struktur und dem Aufbau her bemerkenswert, künstlerisch und inhaltlich (Einzelfall und Grundsätzliches sind geschickt miteinander verbunden) gewinnend ist, geht es, wie schon angedeutet, um eine Grundsatzfrage. Ein lebendiger, die Situation beherrschender Sokrates (Typ des wahren Philosophen) steht dem wohlmeinenden, aber selbstgefälligen und wenig wendigen Euthyphron (Typ des unphilosophischen Mannes) gegenüber. Euthyphron müht sich nicht gern, er betont das eigene Können zu stark, er zeigt sich unbefangen gegenüber der Behandlung einer schwierigen Sache. Dagegen versucht Sokrates, durch jede nur mögliche Anleitung und jede erdenkliche Hilfe dem Gesprächspartner zu verdeutlichen, wie wichtig und unausweichlich die Frage nach dem Letzten ist, wie sehr es dem Menschen auf die Fürsorge für das Höchste, das er besitzt, für seine Seele zu tun sein muß.

Die Rahmenerzählung / Exposition (2a–5d) unterrichtet über alle sachlichen Voraussetzungen, die der Leser des Dialogs kennen muß. Sie hält eine kurz vor dem Prozeß des Sokrates zu denkende Begegnung zwischen dem den Athenern vertrauten Sokrates und dem in Athen auch nicht unbekannten Theologen Euthyphron nahe beim Gerichtsgebäude in Athen fest. Beide prozessieren, aber, wie sich ergibt, in ganz verschiedener Weise. Euthyphron, der Sokrates als Lehrer kennt und anerkennt, ist überrascht zu hören, ein Mann namens Meletos klage Sokrates als Jugendverderber und Gotteslästerer an. Er fühlt sich in der für Sokrates gefährlichen Situation mit diesem verbunden und meint, die gegen ihn erhobene Klage könne niemals berechtigt sein. Sokrates reagiert nicht besonders freundlich, er möchte zwischen seiner und der Sache Euthyphrons keine Parallele sehen: Er bildet Menschen und ist daher notwendig Verfolgungen ausgesetzt;

Euthyphron spricht als kundiger Theologe nur über das Göttliche, zwar erfährt er – das ist das Schicksal von Männern seiner Art – Spott und Mißachtung, aber gefährdet ist er nicht (3c ff.). Ironisch meint Sokrates, der Ausgang des Prozesses, der ihn angehe, müsse für ihn doch vorauszusehen sein; geradezu naiv antwortet Euthyphron, alles müsse gut enden.
Mit der Klage gegen den eigenen Vater wegen Mordes an einem seiner freigeborenen Klienten findet Euthyphron weder bei den Athenern noch bei Sokrates Verständnis. Er sieht in jedem Vergehen, ungeachtet der Person des Täters und der Erheblichkeit der Tat, einen Makel (μίασμα), der gesühnt werden muß. Sokrates aber beurteilt aus Gründen der Pietät eine Klage gegen den eigenen Vater als unfrommes Handeln. Der Anspruch Euthyphrons – er lobt sich selbst in der dritten Person! –, besser entscheiden zu können als Sokrates, was fromm (ὅσιον) und nicht fromm (ἀνόσιον) sei, veranlaßt diesen zu der weiteren ironischen Bemerkung, dann werde er – Sokrates – am besten sein Schüler und könne so bei der Verteidigung alle Schuld auf Euthyphron schieben. Hier (5d) wird ein entscheidender Punkt des Dialogs erreicht: Die ganz alltägliche Begegnung von zwei Menschen, die mit persönlichen Dingen beschäftigt sind, führt zu einem Dialog über das Wesen der Frömmigkeit und des Religionsrechts. Die Theorie wird lebensnah, der Bogen zu dem Ende der Unterredung schon hier gespannt. Die Behauptung Euthyphrons, ein genaues Wissen über das, was fromm sei, zu haben, bestimmt Sokrates dazu anzugreifen. Der Gegensatz zwischen beiden wird in einer Gegenüberstellung der Aussagen deutlich: Euthyphron geht es um Meisterung der Situation, in der er sich gerade befindet, Sokrates dagegen um Grundsätzliches: um die Bestimmung des Frommen, des Wesens oder der Idee des Frommen. Euthyphron glaubt an die Richtigkeit der überlieferten Göttermythen und möchte durch sie sein Vorgehen bestätigt sehen; aus ihrer Interpretation will er Maßstäbe für sein Handeln gewinnen. Sokrates aber lehnt My-

then ab, in denen Götter als grausam und ungerecht dargestellt sind, wobei diese Kritik Teil, nicht etwa Kernstück der gesamten Beweisführung ist. Von der Größe der Götter überzeugt, tritt Sokrates diesen ehrfürchtig entgegen. Er bemüht sich um ein sittlich gutes Leben, Frömmigkeit ist für ihn λατρεία τοῦ θεοῦ (Gottesdienst / Gottesverehrung).

Nach Abschluß der ohne Ergebnis gebliebenen Einleitung wird ein energischer Versuch gemacht, in der Diskussion weiterzukommen. Damit beginnt der Hauptteil. Es wird davon ausgegangen, es handle sich nicht um den Einzelfall, sondern allein um das Wesen oder die Idee einer Sache. Damit wird angesprochen, was Platon später in der Ideenlehre breit ausgeformt hat. Die hier gegebene erste Bestimmung des Frommen lautet: Das Fromme (τὸ ὅσιον) ist das Gottgeliebte (τὸ θεοφιλές). Da nun aber Götter über den Inhalt von Recht und Unrecht nicht dieselbe Meinung vertreten (dasselbe Tun wird von ihnen als »fromm« und als »nicht fromm« gewertet), ist eine widersinnige Gleichsetzung von »Frommsein« und »Unfrommsein« nicht auszuschließen. Mit »Gottgeliebtsein« ist dazu nur ausgesprochen, wovon eine Sache betroffen ist, nicht aber ihr Wesen bestimmt. Ohne Zweifel macht es Schwierigkeiten, menschliche Maßstäbe auf den göttlichen Bereich zu übertragen und zu glauben, Götter hätten Meinungsverschiedenheiten untereinander. Die bei den Gesprächspartnern recht verschiedenen Zielpunkte werden auch hier deutlich: Euthyphron flüchtet sich in die allgemeingültige Aussage, eine ungerechte Tat müsse bestraft werden, und das um so mehr, wenn sie schwerwiegend sei; Sokrates verlangt den unmöglichen Beweis, die von Euthyphron verfolgte Verfehlung werde von *allen* Göttern und Menschen als ungerecht eingestuft.

Mit der Feststellung, das Fromme an sich sei auch dann noch nicht bestimmt, wenn bekannt sei, was für *alle* Götter fromm sei, spricht Sokrates eine neue Schwierigkeit an (9e). In seiner gutgläubigen Art sieht Euthyphron keinen Grund, die Unterredung *nicht* fortzusetzen, obwohl ihm klar wird, daß

Sokrates den Gegensatz zwischen einer Begriffsbestimmung aus Übereinstimmung, gestützt auf Wirklichkeiten, und einer Begriffsbestimmung durch analysierende Untersuchung der Sache selbst angeht, durch die gedanklich eine Bestimmung möglich, seinsmäßig die Idee deutlich wird.
Mit der Frage »Ist etwas fromm, weil es von den Göttern geliebt wird, oder wird etwas von den Göttern geliebt, weil es fromm ist? (10a)« möchte Sokrates eine neue Position für die Weiterführung des Gesprächs gewinnen. Wieder wird das Verhältnis zwischen dem Frommen an sich und dem Geliebtwerden, das auf übereinstimmender Auffassung beruht, angesprochen. Die Definition, das Fromme werde von den Göttern geliebt, weil es fromm sei, und nicht umgekehrt, macht deutlich, wie wenig Euthyphron das Grundsätzliche erkennt oder gar versteht. Es ergibt sich, daß »fromm« und »gottgeliebt« verschiedene Sachverhalte bezeichnen, daß »Gottgeliebtsein« bei dem »Frommen« nicht die Sache selbst bedeutet, sondern nur etwas, das aus der Sache hervorgeht. Nochmals drängt Sokrates auf die Unterscheidung zwischen der Idee, die absolut und der Geschichtlichkeit *nicht* unterworfen ist, und geschichtlichen Umständen, die mit der Idee verbunden sind (11b). Damit führt er wieder zum Anfang des Gesprächs zurück, nachdem sich die Definitionsversuche als formal unbrauchbar ergeben haben und auch das Bemühen um Differenzierung oder Korrektur nichts gefruchtet hat. Dieses Zurückführen bleibt jedoch nur äußerlich, es ist in Wirklichkeit ein literarisches Mittel von philosophischer Aussagekraft. Nach einem »launigen Intermezzo« (Burnickel, vgl. Literaturhinweise) über die unstete Kreisbewegung der Gedanken, in dem die vorkommenden Verben einen tieferen philosophischen Sinn erkennen lassen, stellt Sokrates die These auf: »Alles Fromme ist gerecht« (11e). Daraus ergibt sich die dritte Bestimmung: Frömmigkeit ist der Teil der Gerechtigkeit, der den Verkehr mit den Göttern angeht. Die sich daran anschließende Erörterung, in der ein ungeschickter, begriffsstutziger Euthyphron (ironisch wird er als ein »Wei-

ser von besonderer Art« charakterisiert, dessen Worte um keinen Preis verlorengehen dürfen) sich einem überlegenen Sokrates gegenübersieht, dem es zwar auch um klare Begriffe schlechthin, vor allem aber um das Verhältnis von Ober- und Unterbegriff (fromm/gerecht; Furcht/Scheu) zu tun ist. Indem Euthyphron die Frömmigkeit als den Teil der Gerechtigkeit bestimmt, der die Pflege der Götter (ϑεραπεία τῶν ϑεῶν) angeht, kommt er gleich wieder in Schwierigkeiten bei der Frage, ob denn »Pflege der Götter« fürsorglich oder dienend zu verstehen sei; er flüchtet sich in eine allgemeine und damit unzureichende Aussage. Die Unterhaltung wird erneut unterbrochen, da Euthyphron eine Kreisbewegung der Gedanken verschuldet, die er eigentlich dem Sokrates vorgeworfen hat, und das Ganze auf den Ausgangspunkt zurückgeworfen wird (14a/b). Folgende Thesen und Antithesen werden gegenübergestellt: Frömmigkeit ist nach Sokrates ein Wissen vom Opfern und Beten, Opfern aber ist Geben, Beten, Erbitten – was kann jedoch der Mensch den Göttern geben, die doch eigentlich alles besitzen? Nach Euthyphron verlangt Frömmigkeit, daß man so redet und handelt, wie es den Göttern gefällt. Das Fromme bedeutet ihm Huldigung, Ehrbezeigung und Wohlverhalten gegenüber den Göttern, für Sokrates ist es das Gottgeliebte. Weil aber das Fromme und das Gottgeliebte sich in der Diskussion als verschieden voneinander ergeben haben, kann das den Göttern Wohlgefällige nicht das Gottgeliebte sein.
Diese Gegenüberstellung von Thesen zeigt, daß die gestellte Frage nach wie vor offen, ein Ergebnis der Unterhaltung nicht erreicht ist. Dieses führt dazu, daß Euthyphron, seine Schwäche erkennend, unwillig wird, Sokrates aber ein völliges Sichdrehen im Kreise feststellt und die erneute Rückkehr zum Anfang verlangt. Die Reaktion Euthyphrons ist typisch: Mit fadenscheinigen Ausreden stiehlt er sich davon und kann auch trotz energischen Zuspruchs des Sokrates nicht zum Ausharren bewogen werden. So groß auch seine Verehrung für Sokrates ist, Euthyphron vermag ihn nicht mehr zu ver-

stehen. Dieser Kreislauf der Gedanken erscheint zunächst ohne Sinn, hat jedoch tiefere Bedeutung: das Kreisen um den Kernpunkt ruft vorher erreichte Gemeinsamkeiten (ὁμολογίαι) wach, führt aber auch zu neuen, genaueren Prüfungen und auf diese Weise gedanklich weiter.
Die Tatsache, daß die Unterredung unvermittelt endet und das Problem ungelöst bleibt, bringt Gigon (vgl. Literaturhinweise) dazu, den Text »interessant, aber auch befremdlich und letzten Endes unsympathisch« zu nennen. Es ist gewiß richtig, daß die Sache, von der ausgegangen wird (zwei gerichtliche Klagen), nicht klar dargestellt und nicht echt geprüft wird, daß begriffliche Definitionen zwar scharf, wortgenau und witzig angegangen, jedoch nicht überzeugend zu Ende geführt werden. Dennoch werden Teillösungen im Verlauf des Gesprächs gewonnen, die den Weg zu dem eigentlich Gesuchten und später breit und tief Entwickelten (Ideenlehre) ebnen und die Frage »Wie muß der Mensch leben?« beantworten helfen. Auf dem Wege dorthin kommt es zuerst einmal darauf an, daß menschliches Scheinwissen bloßgestellt und überwunden, daß das Bekenntnis zum Nichtwissen als erste Stufe zum Wissen erreicht wird. Der Dialog ist auch bedeutsam, weil frühere religiöse Auffassungen (mythologischer Polytheismus) kritisch überprüft und spätere vorbereitet werden. So endet das Ganze nicht in einer völligen, sondern nur in einer »künstlichen« Ausweglosigkeit des Nichtwissens.

Inhalt

Griechische Literatur

IN RECLAMS UNIVERSAL-BIBLIOTHEK

Philosophie

Aristoteles, *Kleine naturwissenschaftliche Schriften.* 208 S. UB 9478 – *Die Kategorien.* Zweispr. 117 S. UB 9706 – *Metaphysik.* 445 S. UB 7913 – *Nikomachische Ethik.* 383 S. UB 8586 – *Poetik.* Zweispr. 181 S. UB 7828 – *Politik.* 613 S. UB 8522 – *Rhetorik.* 256 S. UB 18006 – *Topik.* 368 S. UB 18337 – *Über die Welt.* 64 S. UB 8713

Demokrit, *Fragmente zur Ethik.* Zweispr. 235 S. UB 9435

Diogenes Laertios, *Leben und Lehre der Philosophen.* 580 S. UB 9669

Epiktet, *Handbüchlein der Moral.* Zweispr. 108 S. UB 8788

Epikur, *Briefe, Sprüche, Werkfragmente.* Zweispr. 173 S. UB 9984

Marc Aurel, *Selbstbetrachtungen.* 188 S. UB 1241

Parmenides, *Über das Sein.* Zweipr. 214 S. UB 7739

Die Philosophie der Stoa. 340 S. UB 18123

Platon, *Apologie des Sokrates.* Zweispr. 123 S. UB 8315 – *Apologie des Sokrates. Kriton.* 96 S. UB 895 – *Charmides.* Zweispr. 128 S. UB 9861 – *Euthyphron.* Zweispr. 79 S. UB 9897 – *Das Gastmahl oder Von der Liebe.* 118 S. UB 927 – *Gorgias oder Über die Beredsamkeit.* 184 S. UB 2046 – *Ion.* Zweispr. 72 S. UB 8471 – *Laches.* Zweispr. 102 S. UB 1785 – *Menon.* Zweispr. 125 S. UB 2047 – *Parmenides.* Zweispr. 207 S. UB 8386 – *Phaidon oder Von der Unsterblichkeit der Seele.* 125 S. UB 918 – *Phaidros oder Vom Schönen.* 104 S. UB 5789 – *Protagoras.* Zweispr. 224 S. UB 1708 – *Der siebente Brief.* 72 S. UB 8892 – *Der Sophist.* Zweispr. 272 S. UB 6339 – *Der Staat.* 725 S. UB 8205 – *Symposion.* Zweispr. 215 S. UB 18435 – *Theätet.* Zweispr. 270 S. UB 6338 – *Timaios.* Zweispr. 245 S. UB 18285

Plotin, *Ausgewählte Schriften.* 439 S. UB 18153

Die Sophisten. Zweispr. 405 S. UB 18264

Die Vorsokratiker I. Zweispr. 336 S. UB 7965 – *Die Vorsokratiker II.* Zweispr. 351 S. UB 7966

Xenophon, *Erinnerungen an Sokrates.* 175 S. UB 1855 – *Das Gastmahl.* Zweispr. 127 S. UB 2056

Philipp Reclam jun. Stuttgart